Aufschlussreiches Borneo

Andreas Isler
Paola von Wyss-Giacosa

Aufschlussreiches Borneo

Objekte, Fotografien und Dokumente
des Schweizer Geologen Wolfgang Leupold
in Niederländisch-Indien 1921–1927

Mit einem einleitenden Beitrag von Wolfgang Marschall

Völkerkundemuseum der Universität Zürich 2011

Die vorliegende Publikation erscheint anlässlich der Ausstellung
«Aufschlussreiches Borneo. Objekte, Fotografien und Dokumente des Schweizer
Geologen Wolfgang Leupold in Niederländisch-Indien 1921–1927»
25. März bis 23. Oktober 2011

Finanzielle Unterstützung der Publikation
Universitärer Forschungsschwerpunkt (UFSP) Asien und Europa
der Universität Zürich

Abbildungsnachweise

Farbaufnahmen: Kathrin Leuenberger
Alle illustrierten Objekte sind Teil der Schenkung Leupold, mit Ausnahme von
Abb. S. 25, S. 41, S. 61 und S. 140 u.l. (Leihgaben der Familie Leupold). Die Angabe
der Inventarnummern innerhalb der «Objektbeschreibungen» entspricht der Abfolge
der Illustrationen; S. 72–74, Inv.-Nrn. 25706, 25682, 25701, 25650.

Schwarzweiss-Fotos: Wolfgang Leupold
Als Bildlegenden wurden, wo vorhanden, die von Wolfgang Leupold rückseitig auf
Fotoabzüge angebrachten Notizen verwendet. Diese sind kursiv gekennzeichnet,
die übrigen Bildlegenden sind normal gesetzt.

Indonesien-Karte, S. 16/17, © Zentralbibliothek Zürich
Karte Bulungan/Berau (Ausschnitt), S. 33, © NCB Naturalis Leiden

Objektkonservierung: Kathrin Kocher, Robert Tobler und Ina von Woyski

Umschlag und Gestaltung: Andreas Isler, Paola von Wyss-Giacosa

Andreas Isler, Paola von Wyss-Giacosa
Aufschlussreiches Borneo
Zürich, Völkerkundemuseum der Universität Zürich, 2011
ISBN 978-3-909105-54-0

© 2011 Völkerkundemuseum der Universität Zürich
© Bilder von Wolfgang Leupold: Familie Leupold

Druck: FO-Fotorotar, Egg ZH

Wolfgang Leupold auf Bunyu, um 1926

Verflochtene Spuren
indonesisch-schweizerischer Wissensgeschichte

Geleitwort

Mareile Flitsch

Ein jedes Artefakt – von Menschenhand gemacht, gebraucht, tradiert – birgt weit mehr als nur materielle Informationen. Die einstigen Hersteller und Besitzer haben etwas von sich selbst in ihm abgebildet. Die Hände, die Objekte herstellten und gebrauchten, gehörten zu Menschen, die in ihrer Gesellschaft und Zeit sozialisiert worden waren. Ihr Wissen «schrieben» sie ins Artefakt hinein. Die Menschen haben im Greifen nach ihren Gegenständen etwas empfunden, sie für selbstverständlich erachtet, ihren Platz und ihre Bedeutung gekannt – entsprechend ihrer jeweiligen Weltanschauung und der Ordnung ihrer Häuser. Einmal bei uns in den Sammlungen angekommen, bleibt die Rekonstruktion der Wissenslandschaften, aus denen Artefakte stammen, allzu häufig schwierig. Dann kommt es vor, dass sogar die digitale Karteikarte nicht mehr an Informationen bietet als «Korb, Borneo, 1912».

Im Universitären Forschungsschwerpunkt UFSP Asien und Europa der Universität Zürich, in dessen Rahmen die Kuratoren der Ausstellung forschen, befassen wir uns im Forschungsfeld 2 unter dem Kernthema «Verflechtungsgeschichten» auch mit Wissenslandschaften. Sie in ihren jeweiligen Kontexten zu rekonstruieren ist eine wesentliche Arbeit von Kuratoren, für die es ein Glück ist, wenn Sammler, die sich des Wertes ihrer Zeugenschaft bewusst sind, möglichst viel von ihren Geschichten und ihrem Wissen über Artefakte und Dokumente bewahrt haben. Ein Fall wie der der Familie des Schweizer Geologen Wolfgang Leupold, dessen Kinder und Enkel – im Bewusstsein der Besonderheit eines Forschungsaufenthalts der Eltern und Grosseltern in Indonesien – ihr Borneo betreffendes Familienerbe in dem Moment für die Archivierung zur Verfügung stellten, in dem seine Bedeutung in der Familie begann zu verblassen, ist für uns ein Segen, ebenso wie für die Ethnologie Borneos und wie für die Nachfahren der Dayak-Völker Indonesiens.

Für die Ausstellung «Aufschlussreiches Borneo» standen dem Kuratorenteam die Archive der Familie Leupold ebenso offen wie die des Völkerkundemuseums. In mühevoller Kleinarbeit ist es ihnen gelungen, die vielen – in diesem Fall von einer seltenen Komplementarität von Objekt, Bild und Text gesegneten – Mosaikstücke verflochtener Wissenslandschaften zusammenzufügen. Mitgenommen in die Lektüre fühlt man sich als Betrachter förmlich in die 1920er-Jahre versetzt, mal näher an die Flechttechnik und kunstvollen Dekorationen, an Waffen und Körbe heran, mal distanter in das Erleben und nachträgliche Reflektieren der Schweizer in der Fremde oder in die Rückschau der Nachgeborenen. Vor allem werden wir auch zu den Dayak-Völkern der 1920er-Jahre versetzt, deren sorgfältig gestalteten Objekte sie als komplexe Kulturen von hoher Könnerschaft aufscheinen lassen. Man möchte mehr über diese Dayak-Völker lernen, auch, was aus ihnen geworden ist, und wie ihre Nachfahren diese Ausstellung heute wohl verstehen würden.

Im Namen des Völkerkundemuseums der Universität Zürich danke ich der Familie Leupold für die Weitsicht, ihr Erbe in die Obhut einer universitären Sammlung zu geben. Paola von Wyss-Giacosa und Andreas Isler danke ich, dass sie die Aufgabe übernommen haben, uns die Leupold-Sammlung zu erschliessen. Prof. Dr. Wolfgang Marschall danke ich für die Selbstverständlichkeit, mit der er sein Wissen immer wieder mit uns teilt.

Inhaltsverzeichnis

Wolfgang Marschall
Wohin ein Leben treibt   13

Andreas Isler
Wolfgang und Erika Leupold in Niederländisch-Indien   19

Paola von Wyss-Giacosa
«Ein prächtiger, für Tropengeologie ein unglaublich schöner Aufschluss»
Überlegungen zu Geschichte und Bedeutung der Schenkung Leupold   47

Objektbeschreibungen   77

Lebensläufe von Wolfgang Leupold, Erika Leupold und ihren Söhnen   149

Quellen und Literatur   151

Dank

Die vorliegende Arbeit wäre ohne die Grosszügigkeit und Hilfsbereitschaft ganz vieler Menschen und Institutionen nicht zustande gekommen. In erster Linie ist den Nachkommen von Wolfgang und Erika Leupold zu danken, die nicht nur dem Völkerkundemuseum der Universität Zürich die aus dem fernen Niederländisch-Indien stammende Objektsammlung schenkten, sondern uns auch unzählige Materialien und Informationen zur Verfügung stellten und auch äusserst bereitwillig, interessiert und geduldig unsere vielen Fragen beantworteten: Herrn und Frau Rudolf und Ursula Leupold, Zollikon, Ursula, Fritz und Thomas Ohnewein-Leupold, Oberbütschel, Rita Leupold-Lavare und Regula Leupold, Amsoldingen. Als die Sammlung ins Museum kam, hat Esther Dillier sie geordnet und fotografiert – eine grosse Hilfe für jede weitere Beschäftigung damit.

Im beruflichen Umfeld der Geologie und Erdölkunde erfuhren wir vielseitige Hilfe und Anregung, teils von Leuten, die Wolfgang Leupold noch persönlich kannten, teils von nachkommenden Forschergenerationen: Franz Allemann (†), Benno Schwyzer, Lukas Hottinger, Danielle Decrouez, Ursula Menkveld-Gfeller und Milena Pika-Biolzi. In Archiven und Bibliotheken in Holland und der Schweiz wurde bereitwillig für uns recherchiert, und wir danken Wouter Hugenholtz, Heemstede, und Marie-Christine Engels im Nationaal Archief in Den Haag für die Materialien, die sie uns zusammenstellten, ebenso Marianne van der Wal, Willem Renema und Tom Gilissen im Museum Naturalis in Leiden, Evelyn Boesch vom Archiv der ETH Zürich und Markus Oehrli von der Kartensammlung wie auch Peter Moerkerk von der Reprostelle der Zentralbibliothek Zürich. Spezialkenntnisse aus der Welt der historischen Fotografie steuerte Thomas Ganz bei.

Von Kollegenseite her erhielten wir vielfältige und nützliche Anregungen und danken Willemijn de Jong, Edgar Keller, Claudia Nef, Andreas Zangger, Norman Backhaus und Ingo Nentwig für alles, was sie beitrugen. In Nordost-Borneo verhalf Johanis Recky zu einem besseren Verständnis der Insel Bunyu. Schliesslich danken wir Wolfgang Marschall für seine geduldige und freundschaftliche Unterstützung dieses Projektes und Mareile Flitsch als der Direktorin des Völkerkundemuseums, die es uns ermöglichte, alle Ressourcen des Hauses zu nutzen. Dem universitären Forschungsschwerpunkt Asien und Europa danken wir für einen Beitrag zu den Publikationskosten, Peter R. Gerber für das sorgfältige Korrektorat. Auch für die Unterstützung, die wir von den Mitarbeitern und Kollegen im Völkerkundemuseum erfahren durften, bedanken wir uns herzlich.

Paola von Wyss-Giacosa und Andreas Isler

1. Eine Prau-Reise Wolfgang Leupolds

Wohin ein Leben treibt

Wolfgang Marschall

Rund 350 Jahre haben Niederländer Insulinde, jenes gewaltige Inselreich zwischen asiatischem Festland und Australien, kolonisiert. Während das 17. und 18. Jahrhundert durch den Handelskolonialismus der staatlich geförderten, offiziell aber privaten Ostindien-Gesellschaft (V.O.C., Vereenigde Oostindische Compagnie) geprägt waren, beherrschte ein durch Plantagenwirtschaft und Ausbeutung von Bodenschätzen geprägter Staatskolonialismus das 19. Jahrhundert und die erste Hälfte des 20. Jahrhunderts. Zu keiner Zeit dieser kolonialen Ausdehnung nach Ost-Indien haben die Niederländer es vermocht, für die militärische Kontrolle, die Verwaltung, den Betrieb der Plantagen, die Erkundung und Nutzung der Bodenschätze, die wissenschaftliche Dokumentation und weitere Tätigkeitsfelder das notwenige Personal aus ihren Reihen bereitzustellen. So finden sich unter den in Nederlandsch-Indië arbeitenden Ausländern sehr viele aus dem benachbarten Deutschland; bemerkenswert aber ist die im Verhältnis auffallend grosse Zahl Schweizer Bürger, die in der Kolonie tätig sind.[1]

Es entspricht der Geschichte der Schweiz, dass Söldner auch hier ein grosses Kontingent bilden. Stellvertretend genannt seien J.J.X. Pfyffer zu Neueck (1798–1853), der neben seiner militärischen Tätigkeit eine umfangreiche Abhandlung über Java schrieb,[2] und Jean Aimé Théodore Humberset (1839–1919), dessen Notizhefte zu seinem Aufenthalt in Borneo kaum etwas anderes enthalten als Berichte über Kampfstrategien und -taktiken, Beschreibungen der Kämpfe und wie mit den Opfern umgegangen wurde.[3]

In grosser Zahl sind Schweizer Bürger in den Plantagen beschäftigt, besonders in Sumatra und auf Java. Man trifft sie an in den Kaffee- und Teepflanzungen, in den Zuckerrohr- und besonders in den Gummibaumplantagen. Während Borneo nicht das intensive Plantagengebiet war, war es eine Schwerpunktregion der Missionsarbeit. Wenn auch die Rheinische Missionsgesellschaft mit dem Missionieren in der Region von Banjermasin begonnen hat, so sind doch Schweizer Missionare der Basler Mission auch früh vor Ort und von besonderer Bedeutung für die wissenschaftliche Arbeit. Auch wenn Kritik geäussert wurde, so schuf der Basler Missionar Hans Schärer (1904–1947) doch mit seinen vielen Tausenden von Text- und Kommentarseiten die Quellengrundlage jeglicher Beschäftigung mit dem religiösen Leben der Ngaju.[4]

Eine besondere Gruppe von Ausländern in niederländischen Kolonialdiensten bildeten die Geologen. Schon um die Mitte des 19. Jahrhunderts wurden Geologen damit beauftragt, nach Kohlelagern zu suchen,[5] da absehbar wurde, dass für die ständig wachsende Dampfschifffahrt grosse Mengen Kohle benötigt würden. Als die Nutzung von Erdöl dazu kam, waren Schweizer Erdölgeologen, besonders solche mit Abschluss an der Universität Bern, in Nederlandsch-Indië gefragt. Zwei von ihnen sind über ihren direkten Arbeitsbereich hinaus bekannt geworden: Werner Rothpletz (1903–1980), der sich um die Erforschung der frühgeschichtlichen Siedlungsplätze im Hochtal von Bandung in West-Java verdient gemacht hat,[6] und Werner F. Schneeberger. Schneeberger, der im Jahr 1939 im Auftrag der Royal Dutch/Shell Oil Company im Hochland des nordöstlichen Borneo einen einjährigen Survey durchführte, hatte genügend Zeit, neben den Untersuchungen zur Geographie und Morphologie der Region wertvolle Informationen vor allem zu Hausbau, Reisanbau und Megalithen[7] zu liefern. Er bereiste auch das benachbarte Gebiet, in dem Wolfgang Leupold und seine Frau Erika gelebt und gearbeitet hatten. Sie alle haben sich gekannt, denn sie waren eng verbunden mit Paul Arbenz (1880–1943), dem Professor der Geologie an der Universität Bern von 1914 bis zu seinem Tode. Zu dem grossen Kartenwerk zur Geologie der Schweiz, das mit dem Namen Paul Arbenz verbunden ist, haben Werner Schneeberger 1926 das Blatt 256, Werner Rothpletz 1934 die Karte Nr. 81 und Wolfgang Leupold die Blätter 304 (1941/45) und 310 (1987) beigesteuert. Zu verschiedenen Zeiten traf man sich in festen Zirkeln, und es gab ein eigenes Mitteilungsblatt der Schweizer Petroleum-Geologen und -Ingenieure.

Doch verliefen die Leben sehr unterschiedlich. Zum einen waren Rothpletz und Schneeberger später in der Kolonie als Leupold, der in einer wirtschaftlich weniger günstigen Zeit im Lande war. Vor allem aber hatte Leupold durch seinen Entschluss, bei der Regierung und nicht bei den privaten Erdölgesellschaften zu arbeiten, ein deutlich niedrigeres Gehalt und mit finanziellen Schwierigkeiten zu kämpfen. In den Erinnerungen klingt an, dass Herr und Frau Leupold betont einfach leben wollten. Aber sie mussten es auch. Erst waren zwei und dann drei Menschen von dem geringen Gehalt zu ernähren. Aber auch die Unabhängigkeit in den Entscheidungen, in der Rothpletz und Schneeberger leben konnten, war für die Leupolds nicht gegeben. Nicht nur wartete die Regierung auf Prospektionsergebnisse; Wolfgang Leupold war von einer Gewissenhaftigkeit in seiner Arbeit, die ihm manchmal selbst im Wege stand und wenig Zeit für andere Dinge liess. Und schliesslich kamen wenig angenehme Bekanntschaften hinzu und das Eingeengtsein von Erika Leupold.

Wer das Reisetagebuch des Deutschen Viktor Baron von Plessen (1900–1980) liest, das von der Reise und den Aufnahmen zu einem dokumentarisch unterlegten Spielfilm am Kayan/Bulungan und dessen Nebenflüssen berichtet,[8] die 1935 durchgeführt wurden und ein Jahr später zu dem Streifen «Die Kopfjäger von Borneo» führten, erfährt, wie man an denselben Orten – Tarakan, Tanjung Selor, Long Leju u. a. – mit ausreichenden finanziellen Mitteln auch hat leben können. Von Plessen hatte übrigens schon 1931 den Spielfilm mit dokumentarischem Hintergrund «Insel der Dämonen» über Bali gedreht, der in Deutschland mit Erfolg gezeigt wurde.

Als Wolfgang und Erika Leupold 1927 nach Europa zurückkehrten, sicherlich mit unterschiedlichen Vorstellungen und Wünschen, da brachten sie eine Sammlung von Objekten mit, die sie geschenkt bekommen oder getauscht oder gekauft hatten. Es sind Stücke unterschiedlicher Provenienz, aber von hoher handwerklicher Qualität, die in ihren Häusern gehangen hatten und die den langen Weg in die Schweiz mitmachten. Auch in der Schweiz blieben die Objekte Ausstattungsteile der Wohnung, wurden auch unter Verwandte aufgeteilt.

Es ist ein Glück, diese Objekte wieder zusammengeführt zu sehen und die durch Fotografien, Bildlegenden und weitere Notizen angereicherte Sammlung, die auch ein Spiegel einer Familiengeschichte ist, in diesem Museum gut aufbewahrt zu wissen und nun zum ersten Mal vorgestellt zu bekommen.

Anmerkungen

[1] Vgl. Sigerist 1998, 2001.
[2] Pfyffer 2002 (1829).
[3] Chevallay 1998.
[4] Schärer 1963.
[5] Carl Schwaner (1817–1851) fand für die niederländische Kolonialregierung in den 1840er-Jahren Kohlelager in der Umgebung von Banjermasin. Maesel 2005.
[6] Rothpletz 1951.
[7] Schneeberger 1979.
[8] Plessen 1936.

Kartenausschnitt aus dem Schoolatlas van Nederlandsch Oost-Indië von 1924, Blatt 1: Overzichtskaart van Ned. Oost-Indië. Massstab 1:10'000'000

I	Res.	Sumatra's Westkust
II	„	Tapiannoeli
III	„	Bengkoeloe
IV	„	Lampoengsche districten
V	„	Palembang
VI	„	Djambi
VII	Gouvt.	Oostkust van Sumatra
VIII	„	Atjèh en Onderhoorigheden
IX	Res.	Riau „ „
X	„	Bangka „ „
XI	Ass. Res.	Belitoeng
XII	Res.	Westerafd. van Bornéo
XIII	„	Zuider- en Oosterafd. van Bornéo
XIV	„	Manado
XV	Gouvt.	Selébès en Onderhoorigheden
XVI	Res.	Ambon (Amboina)
XVII	„	Timor
XVIII	„	Bali en Lombok

MINDORO-OF
SOELOE-ZEE
MINDANAO
S. Balabak
CHE ZEE
Kinibaloe
Sandakan
Britsch
Noord
Bornéo
Broenai
Serawak
Borneo
Zd Natoena-eil.
Serawak
Sanggau
Sintang
Ketapang
Sampit
Koealakapoeas
Bandjermasin
Martapoera
Marabahan
Kandangan
Amoentai
Moearatewe
Samarinda
Longiram
Balikpapan
Kotabaroe
P. Laoet
P. Tarakan
Zamboanga
P. Basilan
Jolo
P. Soeloe
Soeloe-(Solok) eil.
Zee van Selébès
Sangihe eil.
Taland-eil.
Groot Sangihe
P. Siaoe
P. Bangka
Manado
Kema
Gorontalo
S. Molukken-Straat
Straat Makassar
Tel. Tomini
Togian-of Schildpad-eil.
Donggala
Poso
Selébès
Palopo
Madjene
Parépare
Pampanoea
Watampone
Makassar
Bantaeng
P. Kabaëna
P. Salajar
Tel. Bone
Tel. Tolo
Peleng
Banggai eil.
Soela-eil.
Mangole
Taliaboe
Pitt Passage
Boeroe-Zee
Boero
Kolaka
Moena
Boeton
Baoebaoe
Toekangbesi-eil.
Java-Zee
Karimoendjawa eil.
P. Bawéan
Madoera
Pamekasan
Sapoedi
Kangéan-eil.
Postillon-eil.
Paternoster-eil.
P. Tanahdjampéa
P. Kalaotoa
Flores-Zee
Cheribon
Pekalongan
Semarang
Rembang
Magelang
Soerakarta
Madioen
Djokjakarta
Kediri
Pasoeroean
Malang
Soerabaja
Bandawasa
Sitoebanda
Banjoewangi
Tjilatjap
Singaradja
Bali
Denpasar
Lombok
Mataram
Soembawa
Soembawa besar
Bima
Flores
Ende
Solor-eil.
Alor eil.
Zuidwes
P. Wetar
P. Kambing
Dilli
Timor
Koepang
P. Samaoe
P. Roté
Sawoe-Zee
P. Sawoe
Waingapoe
Soemba
Kleine Soenda-Eilanden
Ashmore-eil.
Oceaan
ligt op 106° 48' 37,05" O.L. van Greenwich.
„ „ 4° 53' „ „ „
110°
115°
120°
125°

2. Familie Leupold vor ihrem Haus in Bukit Tengah, Bunyu

Wolfgang und Erika Leupold in Niederländisch-Indien

Andreas Isler

Einige der schriftlich und mündlich hinterlassenen Zeugnisse erlauben den Werdegang Wolfgang Leupolds, der am 20. Dezember 1895 in Bern zur Welt kam, und seine Zeit in Niederländisch-Indien recht genau zu rekonstruieren. Sein Sohn Urs Leupold hat kurz vor dessen Lebensende damit begonnen, Erzählungen seines Vaters auf Kassettentonband aufzunehmen. Die davon hergestellten handschriftlichen Transkriptionen tragen so klingende Titel wie: «Die ersten Anfänge von Niederländisch-Indien»; «Das Jahr 1921: Die Bewerbung nach Niederländisch-Indien»; «Erster Teil der Geschichte von Pulu Bunyu. Anstellungsvertrag, Ausreise nach Indien»; «Exkursion an den Vulkan Papandayan, Mitten-Java. Reise nach Borneo». Eine weitere Kassette mit der Aufschrift «Die hochdramatischen ersten vierzehn Tage auf NE-Borneo» ist leider unbespielt. Des weiteren existieren schriftlich fixierte Erinnerungen von Wolfgang Leupold: «Kindheit und Jugend: Lenzburger und Berner Geschichten» und sein launiges Pamphlet «Leupolds Sagen aus dem klassischen Altertum. Seinen lieben Freunden Franz Allemann und René Herb zum 80. Geburtstag gewidmet vom Autor, als Prophylaxe gegen Byzantinismus».[1] Diese letztgenannten Dokumente bieten einiges an autobiographischen Aufschlüssen, aber kaum Hinweise auf die Zeit in Niederländisch-Indien.

Seit seiner Schulzeit ist Wolfgang Leupold von der malaiischen Inselwelt eingenommen. Sei es die zum Träumen anregende Lektüre des Reiseberichtes der mit dem Forschungsschiff Siboga unternommenen Fahrt oder die malaiische «Geheimsprache» zweier Nachbarskinder, eines Mädchens von fünfzehn Jahren und ihres zwei Jahre jüngeren Bruders, die auf Heimaturlaub von Sumatra sind und denen er das Skifahren beibringt: In ihm wachsen der Wunsch, ebenfalls Malaiisch zu lernen, was er im Selbststudium mit einem eigens angeschafften Lehrbuch auch durchführt, und die Vorstellung, dereinst in der damals holländischen Kolonie zu arbeiten. Für Schweizer Studenten der Geologie und vor allem der Petrologie gilt es in den frühen Jahrzehnten des 20. Jahrhunderts als selbstverständlich, dass nach beendigtem Studium bei einer der grossen Erdölfirmen eine Auslandanstellung angenommen werden kann.

Im Café della Casa in Bern kommen anfangs 1921 allabendlich einige Geologiestudenten zusammen, und hier trifft Wolfgang Leupold, der das Jahr zuvor an der Universität Bern in Geologie promoviert wurde, einen älteren Herrn, der in Niederländisch-Indien im Bergbau arbeitet und, auf Heimaturlaub, in der zum Café gehörenden Pension wohnt. Wolfgang Leupold erzählt im Rückblick in den auf Tonband aufgenommenen Erinnerungen von diesem so Vieles seiner kommenden Laufbahn entscheidenden Zusammentreffen:

«Die Geschichte beginnt nun, wie eingangs schon gesagt, im Café della Casa, wo ich mich nach diesem Herrn von Steiger erkundigt habe. Ich habe ihn angesprochen, und er sagte mir, er sei […] Mineningenieur bei dem Dienst von den Mijnbouw in Niederländisch-Indien. Und er zeigte mir, dass gerade zu dieser Zeit in holländischen Zeitungen von der Regierung ausländische Geologen gesucht waren, weil die Holländer noch keine solchen ausgebildet hatten. Und dies hatte einen politischen Hintergrund. Nämlich den, dass die Amerikaner die holländische Regierung darauf aufmerksam gemacht hatten, dass die Shell mit ihrer holländischen Gruppe Bataafsche Petroleum-Gesellschaft ohne weiteres in Amerika arbeiten könne, während alle Konzessionen in Niederländisch-Indien an die Shell-Gruppe gingen. […] Als nun die Amerikaner aus diesem Grunde reklamierten, wollte die holländische Regierung […] keine Explorations-Konzessionen an die Amerikaner vergeben, sondern sagte zu ihrer Entschuldigung, sie wolle die Ölsuche von sich aus betreiben, dann könne man sehen, wenn etwas gefunden worden sei, ob die beiden Gruppen Shell und Standard darum Konkurrenz machen könnten. Dies war eine neue Politik, und der Mijnbouw in Niederländisch-Indien hatte gar keine Geologen, die diese Aufgabe, Öl für die Regierung zu suchen, erfüllen könnten. Daher also diese Inserate, in welchen ausländische Geologen zu diesem Zwecke von der niederländischen Regierung gesucht würden. Auf diese Angebote hat mich nun im Café della Casa von Steiger aufmerksam gemacht, und er war sogar so freundlich, mir ein Brouillon eines Briefes an das Ministerium, eines Anstellungsgesuches, zu schreiben. Nun hatte ich zur gleichen Zeit schon ein solches Angebot für Anstellung an die Bataafsche Petroleum-Gesellschaft geschrieben, wo ja quasi automatisch alle Geologiestudenten in der Schweiz […] eine Stellung fanden.»

Wolfgang Leupold erwähnt in seinem auf holländisch abgefassten Bewerbungsschreiben an den Kolonialminister, dass er sowohl Holländisch als auch Malaiisch in Wort und Schrift beherrsche.[2] Er reist im Frühjahr 1921 nach Den Haag und verhandelt sowohl mit der Bataafschen Petroleum-Gesellschaft als auch mit der Kolonialregierung. Den Ausschlag dafür, sich schliesslich – trotz viel geringerem Lohn – von der Regierung anstellen zu lassen, gibt eine bei der Bataafschen Gesellschaft gültige Regelung, welche die Mitnahme der Ehefrau an den Arbeitsort in Niederländisch-Indien im ersten Anstellungsjahr nicht erlaubt; bei den Fünfjahres-Kontrakten der Regierung wird dies hingegen zugestanden. Wolfgang Leupold ist nämlich entschlossen, seine Zukünftige, Erika Villiger, nicht allein in der Schweiz zurückzulassen. Die beiden heiraten im Frühsommer 1921. Im Auftrag der Schweizerischen Geologischen Kommission ist Leupold seit 1920 daran, den Gebirgsaufbau des in seiner Dissertation bearbeiteten Gebietes des unteren Landwassertales in

3. Erika Leupold in Sabang, Insel We, Sumatra, Dezember 1921

Graubünden genau und umfassend zu kartographieren. Er wünscht in einem Folgeschreiben an das Kolonialministerium vom 24. Mai 1921,[3] diese Arbeit in den Schweizer Alpen vor Kontraktbeginn abschliessen zu können. Bis in den Herbst wohnen Wolfgang und Erika Leupold in Glaris bei Davos, wo er täglich im Gelände Untersuchungen und Aufzeichnungen macht. Die Abreise wird mehrmals hinausgeschoben, weil alle Passagierschiffe mit nach kriegsbedingt längeren Heimaturlauben nun wieder sehr zahlreich in die Kolonien zurückkehrenden Europäern ausgebucht sind.

Schliesslich erhalten Leupolds im November 1921 das Aufgebot, nach Antwerpen zu reisen, wo sie sich als Frachtschiffpassagiere nach Niederländisch-Indien einschiffen können. Die Seereise in der unkomplizierten Atmosphäre des Fracht-

4. Bei Pengalengan, West-Java, 1924

dampfers scheint dem jungen Paar sehr zu gefallen, obwohl Wolfgang bei Sturm arg an Seekrankheit leidet. Jedenfalls bleiben sie ihrem Dampfer Djokia trotz dem Angebot, während einer zweiwöchigen sturmbedingten Reparaturpause im ägyptischen Port Said auf ein reguläres Passagierschiff umsteigen zu können, treu und fahren durch das Rote Meer in den Indischen Ozean und, an Ceylon vorbei, bis zur Insel We am Nordwestzipfel von Sumatra. (Foto 3) Wolfgang Leupold erinnert sich: «Als eine Einführung in die Tropen von Indonesien ist dieses Inselchen eine wunderbare Vorbereitung. Es hat eine weite Ankerbucht, um welche herum ziemliche Hügel liegen. Man konnte schöne Spaziergänge machen.» Auch in Medan, Sumatra, wird nochmals kurz angelegt.

Hier begegnet Wolfgang Leupold einem Jugendfreund, Fredy Amsler, der auf einer der Tabakplantagen Karriere macht. In den Jugenderinnerungen Leupolds erfahren wir mehr über dessen Schicksal: «Er wurde zum Kaufmann ausgebildet, und es entsprach ganz seinem Temperament, dass er als Pflanzer nach Niederländisch-Indien ging und dort auf eine Tabakplantage in der Gegend von Atjeh, das heisst in Nord-Sumatra, und schliesslich dort auch Direktor war. Nun, bei unserer Ausreise nach Niederländisch-Indien so ging unser Dampfer, wie üblich, bei der Fahrt entlang von Sumatra in den Fluss von Medan hinein bis zu der Stadt Medan, wo im ‹Medan›-Hotel der berühmte Versammlungsort von allen Tabakpflanzern von Atjeh gewesen ist. Dort telephonierten wir und trafen dadurch für einen Abend auch

Fredy Amsler. Später, als die Japaner wieder fort waren am Ende des Krieges und die Holländer versuchten, ihr niederländisch-indisches Reich wieder zu erobern, gab es ja schliesslich Eingeborenen-Aufstände, die die Holländer veranlassten, dieses Vornehmen aufzugeben. Bei einem solchen Aufstand der Plantagenarbeiter in Atjeh wurde dann Fredy Amsler von denselben ermordet.»

Am 24. Dezember 1921 schliesslich trifft der Dampfer am Quai von Batavia auf Java ein, gerade noch rechtzeitig, dass Wolfgang Leupold vor Büroschluss neues Geld abholen kann – sein ihm schon im Sommer gewährter Vorschuss von Fr. 4000.– ist unterdessen ganz zur Neige gegangen.

Am Molenvliet, dem Verbindungskanal zwischen Hafenviertel und Verwaltungszentrum der damaligen Hauptstadt Niederländisch-Indiens, Batavia – heute Jakarta –, beziehen Leupolds ein einfaches Hotel, wenige hundert Meter vom ersten Arbeitsort, dem Hauptbüro des Geologischen Dienstes, entfernt. Zu dieser Zeit ist der Geologische Dienst noch in Batavia ansässig, wenig später zieht er ins klimatisch angenehmere Bandung im Landesinnern. Arbeitszeit ist bis 14 Uhr. Nach dem Mittagessen und dem obligaten Mittagsschlaf arbeitet Wolfgang Leupold in der ersten Zeit des Aufenthaltes in Batavia noch täglich am Nachmittag bis Sonnenuntergang um 18 Uhr daran, seine Terrainblätter aus dem Landwassergebiet für die Publikation des von seinem Doktorvater Paul Arbenz vorangetriebenen Sammelwerkes einer geologischen Karte von Mittelbünden[4] mit Tusche ins Reine zu zeichnen. Er ist sehr erleichtert, als er diese Reinzeichnung endlich abschicken und sich so einer Verpflichtung, die er aus der Schweiz mitgenommen hat, entledigen kann.

In einer ersten Aufgabe wird Wolfgang Leupolds Eignung, sich selbständig in den Tropen und in fremder Umgebung zu bewähren, getestet. Er muss einen Weg rekognoszieren, der im Südwesten Javas südlich um den Vulkan Papandayan führt. In seinen schon zitierten mündlichen Erinnerungen nimmt dieses leicht vollbrachte Abenteuer grossen Raum ein. Es zeigt, ausführlich geschildert, exemplarisch seine Fähigkeit und Lust, sich auf Unbekanntes einzulassen, seine Beharrlichkeit im Verfolgen seiner Pflichten und seine Neigung, sich unkonventionell zu verhalten, wenn es dem Ziel dient: «Übrigens muss ich noch sagen, dass das Hauptbureau mir auf dieser ersten Expedition einen Topographen, einen javanischen, mitgeben wollte, in der Idee, dass es für mich doch zu schwierig sei, allein mit all diesen Neuigkeiten zurechtzukommen. Aber ich wehrte mich intensiv, sagte, ich hätte schon längstens Malaiisch gelernt, obwohl zwar in jener Gegend von Java eine andere inländische Sprache, Sundanesisch, gesprochen wird, aber doch etwas Malaiisch verstanden. Mit Beschwerden liessen mich also meine Vorgesetzten im Hauptbureau allein gehen und das ist sehr gut herausgekommen.»

5. Erika Leupold und ihr Vögelchen

6. Erika Leupold im 1. Camp auf der Insel Bunyu, 1922/1923

Herr H. G. von Steiger wird nach seiner im Frühjahr 1922 erfolgten Rückkehr aus dem Heimaturlaub nach Nordost-Borneo geschickt. Im Gebiet der Insel Tarakan wird seit 1906 Erdöl gefördert, und es werden weitere Ölvorkommen in dieser Gegend vermutet, die es zu prospektieren gilt. Leupold wird Herrn von Steiger als Mitarbeiter zugeordnet. Von Bandung aus reisen Leupolds nach Surabaya, von wo sie per Postdampfer nach der Insel Madura und in den Süden Borneos, dort den Baritofluss hinauf nach Banjarmasin und dann wieder der Küste entlang, wohl zwischen Borneo und Celebes pendelnd, in den Hauptort des Sultanats Bulungan, nach Tanjung Selor, fahren. Erika Leupold beschreibt in ihrem Erinnerungsheft[5] folgendes Reiseerlebnis: «Wir warteten im Hotel auf Java (Batavia) bis wir unsere Reise nach Boelongan (Borneo) antreten konnten. Und ich fand, ein aus dem Nest gefallenes Vögeli (ähnlich wie unsere Spatzen) das ich wochenlang aufütterte mit geschabten Bananen. Für die Reise kauften wir einen Vogelkäfig, den wir aber nur bis zum KPM Schiff tragen mussten. Auf dem Schiff flog mein Vogel frei herum und an den Landungsorten staunten die Eingeborenen zum Schiff hinauf weil da ein Vögeli frei herumflog. Es wurde dann auch viele Wochen mein lieber Kamerad in der grossen Einsamkeit.» (Foto 5)

Die mündlichen Tonbandüberlieferungen Wolfgang Leupolds brechen bei der Erwähnung der Ankunft in Tanjung Selor ab. Die weiteren Aufenthaltsorte in Nordost-Borneo können nur summarisch aus späteren Schreiben Wolfgang Leupolds (für seine Habilitation an der Eidgenössischen Technischen Hochschule Zürich),[6] aus den breiten Fotobeständen und den kurzen Kommentaren auf einigen der Rückseiten der Abzüge, aus den geologisch-topographischen Karten von Leupolds Hand und aus den knappen schriftlichen Erinnerungen Erika Leupolds erschlossen werden. Es fällt dabei schwer, eine chronologisch präzise Abfolge einzelner Stationen herzustellen. Einige Fixpunkte seien hier festgehalten.

Eine erste Zeit in Nordost-Borneo verbringen Wolfgang und Erika Leupold auf der Insel Tarakan. Sie weigern sich, im Bürokomplex der Regierung zu wohnen, und mieten sich stattdessen eine einfache Hütte. Hierher kommt Herr von Steiger todkrank von einer Urwald-Expedition zurück und lebt noch ein paar Tage bei Leupolds im Haus, bevor er stirbt. Mit ihm verlieren die beiden eine sehr geschätzte Vertrauens- und Bezugsperson. Erika Leupold schreibt: «Das erste schwere Erlebnis in Boelongan war dass Herr von Steiger so krank war und keine Transportmöglichkeit da war. Herr von Steiger, der uns sehr lieb war (hat nur immer Bier verlangt und alles andere abgelehnt, ein sehr schlechtes laues Bier) ist dann in Tarakan an Gelbsucht gestorben. […] Meine beiden Elephanten sind ein Erbstück von Herrn von Steiger.»

7. Erstes Camp auf der Insel Bunyu, 1922/1923

Weiter schreibt Erika Leupold: «Noch im 1. Jahr reisten wir auf die kleine unbewohnte Insel boenjoe was Schildkröte heisst, dort bauten die koelis ein nettes ganz primitives Häuschen, die Wände kleine Fensterläden aus Palmblättern, der Boden aus Rundholz, d. h. kl. Baumstämmen. Ich nahm einen Kakadu, eine Katze und einen Hund mit.» (Foto 6)

Wolfgang Leupold soll auf der Tarakan nordöstlich vorgelagerten Insel Bunyu, einem Eiland von knapp 20 km Länge, Prospektionen durchführen. Im November 1922 lassen Leupolds ein erstes Camp an der Südostspitze dieser Insel errichten und ziehen noch in diesem Jahr dorthin (Foto 7): Etwas erhöht am steilen Abhang steht ein aus Balken und Blätterwänden errichtetes Haus mit Veranda, am Strand darunter sind einige Hütten der Kulis, der einheimischen Träger, aufgebaut. Schon

8. Schöner Aufschluss der Ölantiklinale von S-Boenjoe bei ihrem Ausstreichen an der SE-Küste. In den dicken Braunkohleschichten ist in der Mitte des Bildes deutlich eine flache Umbiegung [Skizze] zu sehen. An der Ecke, wo die grossen Pandanus-Büschel über die Braunkohlenwände hinunterhängen, treten den auch genau auf der Antiklinalaxe starke Gasbrunnen aus.

9. Das Korallensaumriff von Süd-Boenjoe, direkt vor unserem alten Kamp an der Ostküste. Etwa 400–500 m von der Küste ab beginnen die Korallen in dem bei tiefster Ebbe etwa noch knietiefen Wasser. Diese Aufnahme bei tiefster Ebbe (Springebbe bei Vollmond) Zwischen den Korallenstöcken ist alles voll von Halothurien, Seeigeln, Tigerschnecken u.s.w.

Geologische Skizze der Südost-Küste Bunyus von Wolfgang Leupold, in: van der Vlerk 1929, S. 49

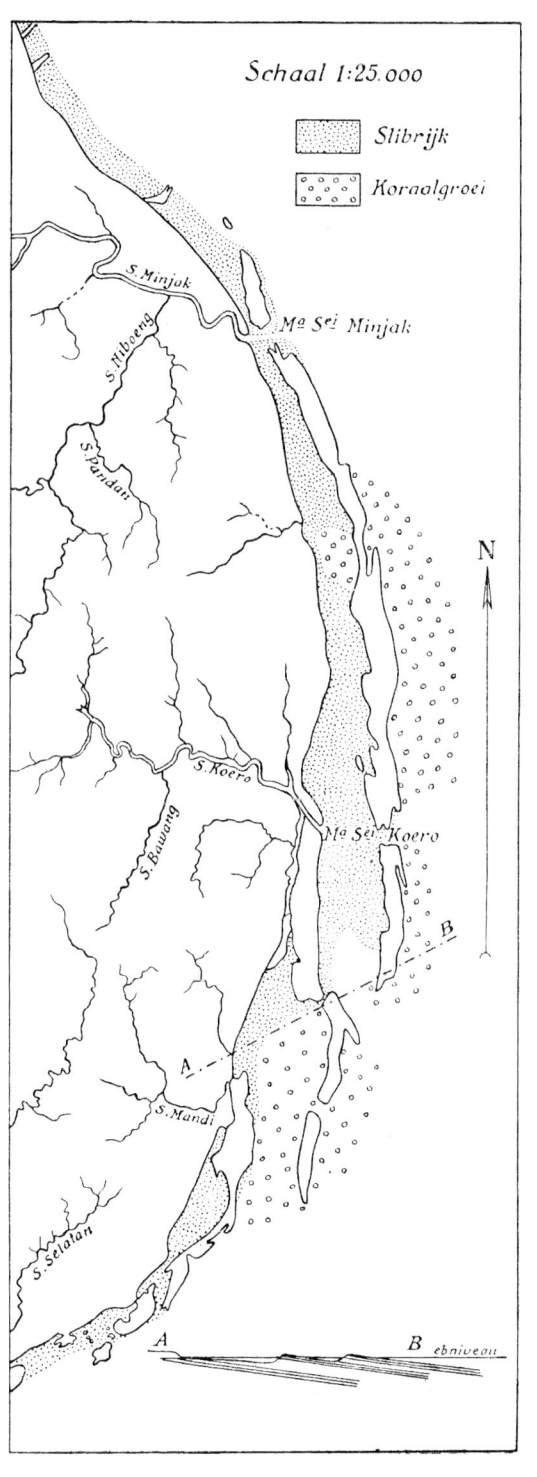

10. *Im Busch, mit Ing. Vis, und Sikai und Saki von meiner alten Kuligarde. Unter einer Fächerpalme. Nord-Boenjoe, 14. Febr. 23*

bald begibt sich Wolfgang Leupold dem südöstlichen Strand entlang nach Norden (Foto 8 und 9), wo am Abhang zum Meer Kohleschichten offen zutage treten und im von Ebbe und Flut umspülten Strand sich interessante Fossilien finden: Gross-Foraminiferen und Nummuliten, die auf das Erdzeitalter der hier auftauchenden Ablagerungsschichten schliessen lassen. Einzelne dieser Schichten sind für ihre Ölhöffigkeit bekannt. Wolfgang Leupolds Aufgabe in Nordost-Borneo ist es, im Verband mit einem ganzen Stab von Geologen und Ingenieuren[7] die Gegend weiträumig geologisch aufzuschlüsseln und in Aufsichts- und Profilkarten seine Untersuchungsergebnisse festzuhalten. Expeditionen ins Gelände, topographische Vermessungen und teilweise Grabungen und Profilbohrungen an als dafür geeignet erachteten Orten sind die dazu eingesetzten Mittel, und die Schichten werden

11. *Meine Kulis und Opnemer-Lehrlinge auf der letzten Reise in N-Boenjoe, am S. Oetara und der […], vom 15. April – 13. Mai 1923 Von links nach rechts: Die Kulis Semat, Amir, stehend mein bandjaresischer opnemer-Lehrling Arsad, ein sehr sympathischer Junge, dann die Kulis Adam und Salim (im Hintergrund, mit Räuberhut, entsprechend grosser Lump), mein Boy Dewah, mit der «Cantine», stehend der chinesische opnemer-Lehrling Tjia Jong Bi, sitzend der Kuli Akang. Auf dem Rücktransport an die Küste, Rast auf dem höchsten «Gipfel» von Boenjoe, ca 140 m über Meer. Opnemer-Lehrlinge sind junge Malayen, die Primarschule durchlaufen haben und nun in der Praxis zu Mantris, d.h. selbständigen inländischen Topographen ausgebildet werden.*

nach Methoden der damals neu aufgekommenen Mikropalaeontologie erdgeschichtlich datiert. Er baut am Langen Kap, Tanjung Panjang, ein weiteres Camp auf und unternimmt von dort aus und noch weiter im Norden Expeditionen ins Urwaldinnere der Insel Bunyu (Foto 10). Die Flüsse und Bäche scheinen sich als Einstiegstore in den dichten Regenwald sehr zu eignen. Im Februar 1923 wird der Bambus-Fluss beschritten, im April und Mai 1923 untersuchen Leupold und seine Mitarbeiter den Nördlichen Fluss, Sungai Utara.

Auf diesen Expeditionen begleiten ihn neben angeheuerten Trägern auch einheimische Lehrlinge, Malaien und Chinesen, die bei ihm die Kunst des Kartographierens erlernen. (Foto 11) Leupold zeichnet die Schichtverläufe auf und berechnet Orte, an denen Probebohrungen weiteren Aufschluss geben sollen. Mitten auf dem südlichen Teil der Insel Bunyu entsteht aufgrund eines Gas- und Ölfundes ein Ölgräberdorf, Bukit Tengah («Zentrums-Hügel») genannt. Beim Sungai Buaya wird von einer kleinen Hafenanlage aus eine Wegschneise in den Wald geschlagen, die den Nachschub von Material und Proviant ermöglicht. Nach und nach werden Probebohrungen abgeteuft, zuerst auf einfache Weise, indem die Gestänge zwischen Bäumen befestigt werden, später mit gezimmerten hohen Bohrtürmen. (Foto 12) Gefunden wird vorwiegend Erdgas, das unter gewaltigem Druck in die Höhe schiesst, und auch Erdöl, jedoch vorläufig nicht in den grossen Mengen, wie es auf

12. *Handbohrung N° 5. Als Bohrturm dienen zwei lebende Bäume, durch Balken verbunden. Dieses Gerüst ist stark genug um bis etwa 400 m bohren zu können. Diese Bohrung dient zur Untersuchung eines Ölhorizontes, der in Bohrung 1 auf 300 m Tiefe gefunden wurde, dort aber fast ausschliesslich Gas produzierte. Im Hintergrund die machinale Bohrung N° 2.*

13. *Gaseruption der Bohrung 1, Boenjoe, bei 490 M Tiefe, 29. XI. 24. Auf das aus dem Bohrloch kommende Rohr ist ein Kreuzstück mit 2 offenen Auslassen angebracht, darüber der schwere Hauptabschlussschieber. Das Anbringen dieser Ausrüstung, während das Gas bereits aus dem Bohrlochrohr senkrecht in die Höhe raste, war keine leichte Arbeit. Aus den zwei horizontalen Auslassen bricht das Gas, als weiss bläulicher Strahl sichtbar, mit einem ganz unbeschreiblichen, unvorstellbaren, Gebrüll heraus, Druck 60 Atmosphären! Wir konnten uns nur mit dick mit Watte bandagierten Köpfen nähern, die Kulis ertrugen es besser, waren aber nachher lange etwas taub. Tagesproduktion 150'000 m^3 Gas.*

14. *Dies ist kein Schützengraben, sondern ein Sondiergraben, ein künstlicher Aufschluss. In dem aufschlussarmen Urwald von Boenjoe ist dies oft die einzige Methode, um über eine tektonische Frage Sicherheit zu bekommen. Hier ging es um eine bedeutende Verwerfung, deren Ausstreichen an der Oberfläche durch einen Sondiergraben quer auf die ungefähre Richtung des Bruches gesucht und schliesslich auch gefunden wurde. Im Hintergrund des Grabens kommt eine Kohlenbank zum Vorschein, die gegen vorn plötzlich endet; dort verläuft die Verwerfungsfläche. Dies ist eine etwas kostspielige Art Geologie zu treiben!!!*

Tarakan gefördert wird. (Foto 13) Die weiten Kohlevorkommen der Insel Bunyu sind für den kommerziellen Abbau zu dieser Zeit noch nicht interessant genug.

Wolfgang Leupold unternimmt auch später verschiedene grössere Expeditionen. Im Oktober 1923 ist er zusammen mit Ingenieur Harting im Sajan-Gebiet südlich von Tanjung Selor unterwegs, wo vor allem die Gegend des Binai-Flusses, eines Nebenflusses des Sungai Sajan, exploriert wird. Hier trifft Leupold auf nomadisierende Basap-Gruppen. Er rekrutiert auch aus ihren Reihen Mitarbeiter für seine aufwendigen Grabungsarbeiten, die immer dann vorgenommen werden, wenn die interessierende Schichtstruktur nicht oberflächlich zutage tritt. Wie schon auf Bunyu (Foto 14) werden auch hier Grabungen vorgenommen.

Weiter südlich dringt Wolfgang Leupold bis in die Gegend des Sungai Birang und jenseits des Berau-Flusses zum Sungai Kelai vor. In späterer Zeit erforscht er zudem grosse Teile der südöstlich von Berau liegenden Halbinsel Mangkalihat. Zwei im Nederlands Centrum voor Biodiversiteit Naturalis in Leiden erhaltene geologische Karten,[8] die Leupold selber gezeichnet hat, zeigen den weitreichenden Aktionsradius unseres Topographen und Forschers und verhelfen, die meisten der rückseitig mit Ortsangaben beschrifteten Fotoabzüge genau zu lokalisieren.

Kartenausschnitt der von W. Leupold gezeichneten Karte 1:500'000 Bulungan-Berau, Nederlands Centrum voor Biodiversiteit Naturalis, Leiden

Mouraages
Mendjeroetoeng
Noord Sesajap mond
Sesajap
Betanat
Tiga
Bangkoedoelis ketjil
Sesajaplama
Midden Sesajap mond
Bangkoedoelis
Zuid Sesajap mond
Tibi
Baroe
Tembaysa
Mª Serban
Mª Sebawang
Tg Tibi
Tg Sialoe
BOENJOE
Kray
Tg St Maja
TARAKAN
Johann
Adatrif
S. Tiladan
S. Natat
Pajouw
S. Batoe
Latoeng Bergen
S. Liagouw
Tg Kris
S. Sekatak
Troesan Tiladan
Tg. Batoe
Mª Sekata
Menoeloen
S. Bengara
S. Brassan
Mª Salinbatoe
Tg. Boeka
rofiel
S. Koebil
Mª Makapan
Merung
Mª Pekin
Pekin
Mª Biwan
S. Teras
TANDJOENG SEILOR
Kp. Mara
Kp. Kaboerau
Berbatoe
Tg. Sepikat
Tg. Tanah goenting

15. *Dajaks laden ihre Prauwen. Vor dem Aufbruch des Transportes, mit dem Dr. Kalthofen nach Long Nawang ging, Boeloengan März 23. 2–3 Monate musste der gute Mann Tag für Tag in einem solchen Weidlig sitzen, bis er in Long Nawang ankam.*

16. *Kiam Lepoön, eine Stromschnelle des S. Kajan wenig unterhalb der grossen Bem-Bremschnellenstrecke. Hinaufschieben eines Weidligs bei der Reise flussaufwärts.*

17. Der «Tanjong» (d. h. «die Spitze», «das Kap») von Tanjong Seilor. Dieses Dorf liegt bekanntlich an der innersten Spitze des grossen Deltas des Kajan, dort wo die ersten zwei Deltaäste des Flusses sich teilen. Hier ein Blick flussaufwärts von der äussersten Spitze zwischen dem südlichsten Arm (links), und dem 500 M breiten Hauptarm (rechts). Blick flussaufwärts, man sieht den Kajan mit einer grossen Kurve aus den ersten Hügeln (eocäne Kalke) des Hinterlandes plötzlich ins Deltaflachland herausbrechen. 50 M flussabwärts von der Spitze ist auch unser Haus, 1923

Die Familie Leupold bezieht wohl irgendwann 1923 oder 1924 ein Haus in Tanjung Selor am Kayan- oder, wie er damals auch genannt wurde, Bulungan-Fluss, von wo aus Wolfgang Leupold im Dezember 1923 die Verästelungen dieses riesigen Flusses gegen Norden hin – im Gebiet des Salimbatu, des Sungai Ancam und der morastigen Flussarme des Linuang-Kayan östlich der Insel Mandul – erkundet und auch den mächtigen Kayan-Fluss hinauf zu den Siedlungen der Dayak reist. Er selber fotografiert im Dorf Long Leju, mehrere Dutzend Kilometer oberhalb Tanjung Selors, wo er den Häuptling des Makulit-Stammes Amban Klisan trifft. Vermutlich hat Leupold hier Verhandlungen über die Mitarbeit von Leuten in seinen Explorationsprojekten geführt. Noch viel weiter flussaufwärts, oberhalb der Bahau-Einmündung, hat Leupold Szenen abgelichtet, welche die Überwindung von Stromschnellen bis zum atemraubenden Bem-Brem-Abschnitt des Kayan-Flusses zeigen. (Foto 16) Bis hierher sind auch Einträge auf seiner geologischen Übersichtskarte markiert. So weit wie Dr. Kalthofen, dessen Reise im März 1923 von Tanjung Selor bis nach Long Nawang im Apo-Kayan-Gebiet in Zentralborneo führt, ist Leupold selber wohl nicht gelangt. (Foto 15)

Am 19. Juli 1923 bringt Erika Leupold im Spital von Tarakan den kleinen Urs zur Welt. Die Erlebnisse im Spital rund um die Geburt und das völlige auf sich selbst gestellt Sein mit dem Neugeborenen und später schwer an Diphtherie leidenden

18. Im Garten in Tanjung Selor

Baby sind einschneidende Erfahrungen, die das Leben der jungen Frau überschatten. Von ihrem Mann hat sie zumeist keine grosse Unterstützung. Vielmehr bangt sie des öftern um eine gesunde Rückkehr von seinen wochenlangen Forschungsreisen den Flüssen entlang und durch den Urwald. Wolfgang Leupold scheint jedoch ganz in seinem Element zu sein, wenn er mit den hochgelobten einheimischen Pfadfindern waldige Gegenden durchstreifen kann, die von betörender Schönheit sind. Beruflich läuft für ihn alles nach Plan: Er erarbeitet akribisch die Geologie und Stratigraphie von Nordost-Borneo und hat mit seinen Recherchen auch handfeste Erfolge. Im Haus zu sein, hält er jeweils nicht lange aus. Hier macht ihm die unerträgliche Hitze zu schaffen. Erika Leupold schreibt in ihrem Erinnerungsheft: «Papa hat es in dem heissen Boelongan [Tanjung Selor] nie lange ausgehalten, auch weil er ungern Rapporte schrieb in dem heissen Dörfli – im ganzen konnte man 10 min. gehn, am einten Ende Flussdelta, am andern Ende Urwald. Ich sass immer gern am Fluss wenn die Sonne glühend und rasch unterging.» Wolfgang Leupold hingegen fühlt sich auf dem von der Regierung zur Verfügung gestellten Dampfer Leonore, von ihm liebevoll «Elly» genannt, wohler (Foto 19) oder im Kanu, wenn es darum geht, auf den Flussläufen ins Landesinnere zu gelangen.

Zwischendurch darf Erika Leupold einmal auch auf eine Erkundung mit, nämlich zur östlich weit im Meer draussen liegenden Inselgruppe Derawan, die in stratigra-

19. Eines der kleinen Regierungsschiffe

phisch interessantem Gebiet liegt. Eigentlich dürfen die Ehefrauen der Kolonialbeamten grundsätzlich nicht auf Exkursionen mitgenommen werden. Diese Fahrt kann jedoch als Ferienaufenthalt deklariert werden. Auf der Insel gibt es aber kein Hotel, und die Verhältnisse sind, wie Erika Leupold es beschreibt, ziemlich beengt: «[…] in der Zeit wo wir gemeinsam eine Expedition machten nach Derawan. Ich durfte mit Urs einmal mit, um ‹Ferien› zu machen. Sonst war es bei der holl. Regierung ausdrücklich verboten, dass die Ehefrau auf Expeditionen mit durfte – leider. Auf der kl. Insel Derawan war zu unserer ein wenig unangenehmen Überraschung kein passangrahan d.h. kein Rasthaus, und wir mussten uns mit einem ungarischen Jungen in 2 Feldbetten teilen, und hatten Freude, trotz der hübschen kleinen Insel, als unsere Leonora, das kl. Regierungsschiff, wieder kam nach 1 Woche. Die Leonora? das war ein liebes geliebtes Schiff, wenn Papa vom Urwald heim kam und man hörte das Schiffshorn schon lange vorher kamen die Dorfbewohner springen und riefen mir: ‹Nonja, tuan datang›! [Madame, der Herr kommt!] Das ganze Dorf freute sich, natürlich auch die Frauen der Koelis.»

Die Familie geht aber auch auf richtigen Erholungsurlaub. So reist sie von Januar bis März 1924 – auf eigene Kosten – nach Madura, in die Höhen von Ost-Java, in West-Java nach Bandung und an einen stillen Ort südlich davon, nach Pengalengan, wo Leupold auf seiner ersten Erkundungstour durchkam. In den jeweiligen Höhenkurorten ist das tropische Leben viel erträglicher. Den Fotos nach zu schliessen,

20. *Blick vom höchsten Rand des Smerukraters (Djongkring Selaka), 3676 M, über den Krater und den niedrigeren südlichen Kraterrand hinweg nach dem Tiefland. Steil nach der Tiefe aufgenommen. Über den niedrigen Hügeln des sedimentairen Südgebirges schweben Morgenwölkchen, aus der Vogelschau gesehen. Bei den obersten Wolken die gebuchtete Südküste und darüber die blaue Wand des Ozeans.*

kann aber auch hier Wolfgang Leupold der Versuchung nicht widerstehen, seinen geologischen Interessen nachzusteigen und die hohen Vulkane zu untersuchen und zu beschreiben. (Foto 20) Ihm gefällt es sichtlich im kolonialen Reich Insulinde.

Später im Jahr 1924 bereist er die ganz im Norden des niederländischen Teils Borneos, im Tidongschen Land, gelegenen Flussgebiete des Sembakong und des Sebuku bis hinauf ins Grenzgebirge gegen das britische Nord-Borneo. Die Reise den Sebuku-Fluss hinauf ist mit einigen Fotografien dokumentiert. In Salang im oberen Flussabschnitt nördlich Pembeliangan besucht Leupold die Familie seines langjährigen Mitarbeiters Adam. (Foto 21) Von hier aus wird der Seitenfluss Sebuluk und bei Tinampak derjenige mit Namen Mesaloi-Apat untersucht, wo sie zum «obersten letzten Dajaknest» namens Kejaja gelangen. (Foto 22) Viele der abgelegenen Gebiete, auch die Insel Bunyu vor ihrer Ankunft, beschreibt Leupold als ganz menschenleer oder kaum bewohnt.

Je länger der Aufenthalt in Niederländisch-Indien dauert, desto spärlicher werden die Fotografien, und die genaue Datierung und Beschreibung auf der Rückseite der Abzüge scheint auch nicht mehr gleich erwähnenswert wie zu Anfang. Sind Wolfgang Leupold im Jahr 1924 die heiklen Filme, deren Entwicklung grosse Schwierigkeiten bereitete, aus- oder zuschanden gegangen? Erika Leupold schreibt in einer kurzen Notiz in ihren Erinnerungen: «Ein kl. Kühlschrank wäre uns wahrscheinlich

21. *Seboekoereise 1924: Adam mit seiner wiedergefundenen Familie, Dorf Salang am Seboekoe. Der kleine Bruder rechts vorn hat sich schon in eine von Adams Jacken gesteckt. Die kleine schüchterne Schwester versteckt sich fast hinter dem nie gekannten Bruder.*

22. Reise Sembakoeng-Seboekoe 1924: Das oberste letzte Dajaknest am S. Masaloi-Apat (l. Seitenfluss des S. Seboekoe bei Tinampak). Der Herr im weissen Hemd der im Kahn steht ist der Häuptling. Der andere oben bei den Damen ist Arsad, mein junger Messgehilfe. Das Dorf heisst Kedjadja.

23. Am Fenster in Bukit Tengah, Bunyu

24. *Vor unserem Hause: Der Tram von Boenjoe, ein tank-artiger Motor mit Rampenrädern und einem angehängten Personenschlitten. Darin sitzen Ing. Veldkamp und Frau, und Ing. Oppenvort, unser alter Chef von 1922, der kürzlich hier auf Inspektion war. Hinten steht Erika mit Urs; der ein besonderer Verehrer des Tankvehikels ist. Sobald er den Motor von ferne hört, läuft er in den Garten.*

Gold wert gewesen, aber mit unserer Petrolbeleuchtung wären wir gar nicht auf so eine ausgefallene Idee gekommen. Entwickeln und kopieren konnten wir nur nachts, weil es dann ein wenig kühler war, aber auch dann waren die Filme dick geschwollen.»

Von Oktober bis November 1925 untersucht Wolfgang Leupold zusammen mit dem Regierungsmitarbeiter Ngadimin und dem Kartographielehrling Mohammed Nur die Mangkalihat-Halbinsel südlich von Berau, wovon eine sehr detailliert gezeichnete Karte im Massstab 1:200'000 zeugt.[9] Fotografien von diesem Gebiet liegen allem Anschein nach keine vor.

Mitte Februar 1926 wird Wolfgang Leupold zu einem Geographen 2. Klasse befördert. Er ist zu dieser Zeit Leiter des unterdessen gross gewordenen Grabungsortes Bukit Tengah auf der Waldlichtung mitten in Süd-Bunyu. Dem kleinen Urs scheint es an diesem umtriebigen Ort gut zu gefallen. Er hat eine Mutter, die viel mit ihm im Garten unternimmt, hat Katzen, Hühner, Ziegen, hat einheimische ältere Kinder, die auf ihn aufpassen oder mit ihm spielen, und es gibt viele lärmige und spannende Maschinen, die sein Interesse wecken. (Foto 24) Die Wohn- und Arbeitsverhältnisse auf Bukit Tengah sind in den Jahren 1923 und 1924 fotografisch gut dokumentiert worden. Sein Vater hat ihm eine Schaukel mitten im Haus aufgehängt. Die Familie passt sich den Umständen an und gewöhnt sich womöglich an

25. Ausblick in den Garten in Tanjung Selor

ein Leben, wie man es sich nie hat vorstellen können. Und die Zeit des Fünfjahreskontraktes läuft langsam aus. Die Familie zieht nach Bandung auf West-Java um, wo Wolfgang Leupolds Anstellung um ein paar Monate verlängert wird, damit er einen Abschlussbericht über all seine Explorationen verfasst. Eine nochmalige Verlängerung des Vertrages mit Aussicht auf einen Schreibtischjob in der Verwaltung des Geologischen Dienstes, eine Gunstbezeugung für gut geleistete Arbeit im Feld, schlägt Leupold aus und verweist dabei auf die angeschlagene Gesundheit seiner Familie. Erika Leupold will zurück in die Heimat. Wolfgang Leupold tut sich sehr schwer mit dem Verfassen seines Abschlussberichtes, der «Geologischen Beschreibung von Nordost-Borneo, Landschaften Bulungan und Berau». Zu viel hat er erkundet und findet er der präzis rapportierten Erwähnung würdig. Bevor der Bericht fertiggestellt ist, zieht die Familie im Frühsommer 1927 auf einem prächtigen Passagierschiff nach Europa zurück. Urs Leupolds direkte Erinnerung an die Zeit in Niederländisch-Indien besteht einzig darin, dass ihm auf dieser Heimreise ein anderes Kind seinen Ball über die Reling ins Wasser geworfen hat.

Zurück in Bern nimmt Wolfgang Leupold eine Stelle als Assistent am Geologischen Institut der Universität Bern an. Am 28. Oktober 1928 kommt der zweite Sohn, Rudolf Leupold, zur Welt. Die holländischen Arbeitgeber lassen nicht locker und wollen unbedingt den Bericht mit Leupolds Forschungsergebnissen haben. Es entspinnt sich ein langjähriger Kampf um dessen Fertigstellung, in den neben holländischen Emissären, die Unterlagen abholen sollen, und der holländischen Botschaft in Bern auch Leupolds wissenschaftlicher Freund und Gefährte in Niederländisch-Indien und Verteidiger in Holland, Isaäk Martinus van der Vlerk, miteinbezogen wird. Schliesslich kann in mehreren Schüben ein Bericht von über 600 Seiten abgegeben werden, der jedoch nie zur erhofften Publikation gelangt. Leupolds sind nahe daran, im Herbst 1931 nochmals nach Insulinde zu fahren. Ein Vertrag mit einer amerikanischen Ölgesellschaft, wohl der Standard Oil, ist schon ausgehandelt. Ob die Wirtschaftskrise oder eine späte Umbesinnung die Abreise vereitelt, ist nicht zu sagen. Es wird, wie der Sohn Rudolf Leupold sagt, auch ein Engagement in Venezuela in Erwägung gezogen.

Für beide, für Erika und für Wolfgang Leupold, sind die Jahre in Niederländisch-Indien und diejenigen gleich nach der Rückkehr eine Zeit von grosser Intensität, die das weitere Leben prägen. Erika Leupold schreibt über die Menschen in der Schweiz: «Ich habe viel schlechte bittere Erfahrungen gemacht mit den Mitmenschen und finde den Kontakt nicht mehr mit ihnen, trotzdem ich mir alle alle Mühe gebe. Am allerschlimmsten sind die Menschen die sich fromm nennen. Und ich weiss dass ich durch Indien dem europäischen Leben entwachsen bin.»

Wolfgang Leupold, der mit einem Eifer und einer Ernsthaftigkeit sondergleichen mit Methoden der Mikropalaeontologie Nordost-Borneo auf den Grund gegangen ist, arbeitet auch nach seiner Rückkehr jahrelang akribisch daran, seine Ergebnisse, eine Pioniertat auf diesem Gebiet, festzuhalten. Die Qualität und Präzision seiner Arbeit muss errungen – und auch von seiner Familie ausgehalten – werden und bringt nicht sofort, aber nach und nach die verdiente Anerkennung.

Er wendet sich schliesslich von den Tropen ab und den Nummuliten des westeuropäischen Alttertiärs zu,[10] macht nach dem Zweiten Weltkrieg eine glänzende wissenschaftliche Karriere als Geologieprofessor an der Eidgenössischen Technischen Hochschule in Zürich und bleibt gleichwohl allem Unkonventionellen treu. Erika Leupold hingegen findet sich allem Anschein nach nie mehr ganz zurecht. Zu tief sind die guten und die schlechten Eindrücke aus der Zeit auf den indischen Inseln, und die gutgemeinten Ratschläge aus Nachbars- und Verwandtenkreisen machen die Seelennot, ein Hadern zwischen Erinnerung und Sehnsucht, nicht kleiner. Die Ehe kann diesen Belastungen nicht standhalten. Wolfgang Leupold verheiratet sich nach seiner Scheidung von Erika 1950 neu mit Margrit Gamper und zieht nach seiner Pensionierung im Jahr 1964 nach Amsoldingen bei Thun. Erika Leupold erliegt am 13. Dezember 1970 in Zürich einer Lungenentzündung. Wolfgang Leupold stirbt am 9. Dezember 1986.

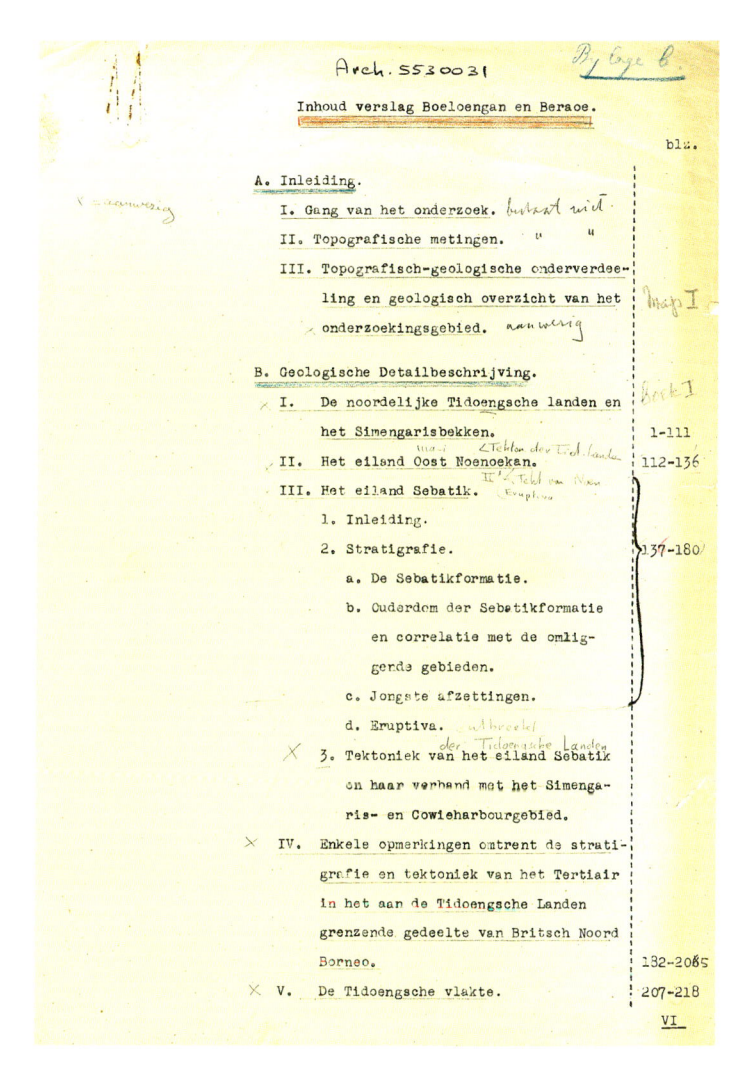

Erste Seite des Inhaltsverzeichnisses von Wolfgang Leupolds Bericht über seine geologischen Resultate, Nederlands Centrum voor Biodiversiteit Naturalis, Leiden

[1] Vgl. das Verzeichnis der Quellen. Die Originalschreibweise wurde beibehalten.
[2] Original im Nationaal Archief in Den Haag.
[3] Original im Nationaal Archief in Den Haag.
[4] Vgl. Arbenz 1922 und 1930.
[5] Wie Anm. 1.
[6] Archiv der Eidgenössischen Technischen Hochschule Zürich.
[7] Vgl. Wetenschappelijke Mededeelingen Nr. 9, Bandung 1929.
[8] Archiv des Nederlands Centrum voor Biodiversiteit (NCB) Naturalis, Leiden
[9] Original im Archiv des NCB Naturalis, Leiden.
[10] Vgl. Decrouez/Menkveld-Gfeller 2003.

26. Auszahlung der Kulis auf dem Bohrterrain der Insel Bunyu, Nordost-Borneo. In der Mitte am Tisch Wolfgang Leupold

«Ein prächtiger, für Tropengeologie ein unglaublich schöner Aufschluss»,[1] Überlegungen zu Geschichte und Bedeutung der Schenkung Leupold

Paola von Wyss-Giacosa

Von der Kolonialregierung 1921 als Erdölprospektor angestellt, verbrachte Wolfgang Leupold sechs Jahre in Niederländisch-Indien. Während er mit einheimischen Führern und Trägern das Gebiet erkundete und geologisch kartographisch erschloss, war seine junge Frau Erika einem Alltag fern allem bisher Gewohnten ausgesetzt. In Java und in Nordost-Borneo, wo sie hauptsächlich lebten, trafen die Leupolds nicht nur mit niederländischen, schweizerischen oder deutschen Kolonialangestellten zusammen. (Foto 28) Sie unterhielten ebenso Beziehungen zu der lokalen Bevölkerung, zu Malaien wie auch zu den indigenen Völkern der in Langhäusern lebenden Kenyah und Kayan sowie der nomadisierenden Punan und Basap, die aufgrund ihrer Fähigkeiten und unterschiedlichen Spezialisierungen von Leupold als Kulis, Topographen und Expeditionsbegleiter angeheuert wurden. (Foto 26, 27 und 29)

Diese prägende Erfahrung im Leben des Schweizer Ehepaars wurde im Verlauf der Jahrzehnte durch die beredten Erzählungen des Geologen, durch die Projektion der von ihm gemachten Fotografien im Kreise von Angehörigen, Kollegen und Freunden, durch die ständige Präsenz im Hause Leupold einer ganzen Reihe aus Niederländisch-Indien zurückgebrachter Objekte, die selber vielfältige, sprechende Dokumente kultureller Begegnungen darstellen, zu einem Stück zeitweise intensiv erlebter Familiengeschichte, die zu bewahren und aus dem privaten in einen Forschung und Öffentlichkeit zugänglichen Kontext weiterzugeben die beiden Söhne Leupolds sich schliesslich vornahmen. Der ältere, Urs, kam im Juli 1923 in Tarakan zur Welt, heute eine Stadt auf der gleichnamigen, der Küste Nordost-Borneos vorgelagerten Insel, damals nicht viel mehr als ein Ölfeld der Shell mit einem kleinen Spital. Erika Leupold schreibt berührend von den schwierigen Umständen der Geburt und der ersten Jahre mit dem kleinen Kind. Urs Leupold unternahm im Sommer 1989, nach seiner Emeritierung als Professor der Allgemeinen Mikrobiologie in Bern, in Begleitung seiner zweitgeborenen Tochter Ursula eine Reise an die Orte seiner frühesten Kindheit und verfasste einen kurzen Bericht über das Erlebte. Namentlich skizziert er in wenigen Worten die Entwicklung der kleinen, nordöstlich von Tarakan gelegenen Insel Bunyu: «1921, als Vater Wolfgang hier seine geologischen Untersuchungen für die Erdöl-Gesellschaft der holländischen Regierung begann, eine menschenleere Urwaldinsel, bald darauf ein Bohrfeld mit ersten Methangas- und viel später auch Erdölfunden, heute eine bewohnte Insel

27. Dayak auf der Treppe von Leupolds Wohnhaus in Tanjung Selor

28. *Vor dem ersten Bohrturm auf Boenjoe: Links der neue Chef, Ing. Ploem, in der Mitte Ing. Vis, Maschinist Bosch, 25. Febr. 23*

29. Schöner Aufschluss im S. Long Tani, Seitenbach des S. Birang, Berouw: Sadjan-globigeringenmergel (Aquitan, Alt Miocän) Der Bach läuft genau in die Streichrichtung der isoklinal nach rechts fallenden Schichtplatten. Im Hintergrund zwei Bassaps (nomadisierende Walddajaks von Boeloengan-Berouw.)

mit einem gleichnamigen Hauptort, einer Methanolfabrik und Erdöltanks.»[2] Der jüngere Bruder, Rudolf, wurde im Oktober 1928 in Bern geboren, ein Jahr nach der Rückkehr der Leupolds in die Schweiz. Auch er wuchs mit den elterlichen Erzählungen über die in Indonesien verbrachten Jahre auf, ein Erfahrungsschatz, den Wolfgang Leupold in der Folge auch an seine Grosskinder weitergab.

Im Übergang von einer Generation zur nächsten drohten insbesondere die Gegenstände immer mehr verstreut zu werden. Die Erinnerung an ihre Bewandtnis und ein spezifisches Familienwissen wären wohl mit der Zeit vollständig verloren gegangen. Aus diesem Grunde entschieden sich Urs und Rudolf Leupold, die Objekt-Bestände ihres Vaters aus den verschiedenen Haushalten wieder zusammenzuführen und, mit Ausnahme ein paar weniger in der Familie verbliebener Erinnerungsstücke, in die Obhut des Völkerkundemuseums der Universität Zürich zu geben. Dem Museum wurden zudem neben schriftlichen Aufzeichnungen der beiden Eheleute und weiteren Unterlagen auch zahlreiche, rückseitig mit handschriftlichen Notizen versehene Fotografien Wolfgang Leupolds zur Verfügung gestellt. Dies ermöglichte eine in dieser Form selten gegebene wechselseitige Erhellung von Wort-, Bild- und Objektquellen. Für ein ethnographisches Museum, das sich im besonderen der Dokumentation und Erforschung verschiedener, auch persönlicher und familiärer Formen der Bewahrung, Überlieferung und Weitergabe von Wissen verschrieben hat, repräsentiert die Schenkung äusserst wertvolles Anschauungs- und Studienmaterial.

In den Objekten und Aufnahmen lassen sich zunächst *in nuce* Zeugnisse eines Kulturkontaktes entdecken, der ganz auf die zu bewältigenden Aufgaben ausgerichtet und von keinerlei ethnographischen oder musealen Absichten der Akteure geleitet war. Über das historisch-biographische Studium eines familiär tradierten Wissens hinaus sind es aber auch weitere Ebenen der Sammlung Leupold – zeitgeschichtliche Aspekte, visuell anthropologische Fragen, Überlegungen zum mannigfaltigen Quellenwert materieller Kultur und zu transkulturellen Austausch- und Aneignungsprozessen –, die anlässlich der Aufarbeitung des Materials für eine Ausstellung und für die vorliegende Begleitpublikation erschlossen werden konnten und die hier im folgenden, nicht zuletzt im Sinne einer Anregung zu weiteren Forschungen, dargelegt seien.

30. *Am Hafen von Sumenap, Ost-Madura. Das Gefährt links ist ein sog. Sado (entst. aus dos-à-dos), das gewöhnliche Fuhrzeug, womit man in den Städten Kommissionen macht. Sie sind überall in Unzahl vorhanden und ersetzen den Tram, Miete pro h 1 Gulden. Zu zweit findet man noch gerade Platz. Rechts steht ein Grobak, ein schwerer zweirädriger Karren, womit Güter befördert werden, z. B. auch Gepäck nach dem Bahnhof u.s.w. Der orang blanda davor (verstümmelt aus Bolanda, Holländer und dann Europäer überhaupt) bin ich.*

I Die Schenkung

Die Sammlung Leupold wurde dem Völkerkundemuseum im Jahr 2009 als Schenkung übergeben. Zusammengekommen war dieses Corpus von etwas mehr als hundert Objekten allerdings über achtzig Jahre früher. Eine erste Einordnung dieser bis vor kurzem in Privatbesitz befindlichen Kollektion, die stark durch die persönlichen Lebensumstände geprägt war und vor diesem Hintergrund über zwei Generationen hinweg als Einheit empfunden und bewahrt wurde, soll deshalb auch mit einem historischen Bezug auf ältere Quellen und Literatur geschehen.

Innerhalb der Fachgeschichte der Ethnologie als akademischer Disziplin spielten Völkerkundemuseen eine grosse Rolle, nicht zuletzt, indem in ihren Räumen über eine bestimmte Präsentation materieller Erzeugnisse einige der wichtigen frühen theoretischen Ansätze sinnlich vorgeführt wurden, «als Ausdruck der Veranlagung der Völker […], deren Objekte uns mit den Arbeitsleistungen, dem Stand der Technik, der künstlerischen Begabung eines Volkes vertraut machen»,[3] wie der damalige Direktor der Sammlung für Völkerkunde Hans Wehrli 1914 schreibt. Um die Zeit von Leupolds Aufenthalt in Niederländisch-Indien wurde denn auch in der aus der Ethnographischen Gesellschaft hervorgegangenen, seit 1913 der Universität zugehörigen Zürcher Einrichtung neben einer Ordnung nach geographischen Gesichtspunkten eine beschreibende Darstellung der Kulturen praktiziert. Durch die angestrengten komparativen Ansätze sollten allgemeingültige Erkenntnisse über die stufenweise Entwicklung menschlicher Gesellschaften erlangt werden. Auch im Fall der Bestände aus Indonesien «wurde danach getrachtet, die Aufstellung derart zu gestalten, dass dadurch der progressive Uebergang von den primitiven zu den, durch die Einführung indischer Religion und Gesittung charakteristischen Hochkulturen deutlich vor Augen geführt wird.»[4]

Der Grundstock der Indonesien-Abteilung war schon früh, in den letzten Jahren des 19. Jahrhunderts, gelegt worden und erfuhr in den folgenden Jahrzehnten stetige Erweiterung: «Die Indonesiensammlungen, die eine viermalige (1923, 1928, 1932 und 1935) Um- und Neuaufstellung dieser Abteilung notwendig machten, stammen fast ausschliesslich von Schweizern, die als Pflanzer, Aerzte, Geologen, Botaniker und Ethnologen in niederländisch-indischen Diensten tätig waren, und viele Jahre in Indonesien zugebracht haben.»[5] Dies schreibt in einer ausführlichen Darstellung zur Geschichte der Sammlung für Völkerkunde zu Beginn der 1940er-Jahre Alfred Steinmann (1892–1974). Steinmann war selber lange Jahre, von 1920 bis 1935, als Botaniker in niederländischen Diensten auf Java tätig gewesen und schenkte dem

Zürcher Museum eine umfangreiche Gruppe indonesischer Objekte, vornehmlich Textilien, bevor er in den frühen 1930er-Jahren im Auftrag des Museums weitere Stücke erwarb und schliesslich, 1941–1963, in der Nachfolge Wehrlis als dessen Direktor amtierte.

Die Frage nach dem biographischen Hintergrund der verschiedenen Stifter erscheint wesentlich für eine Einschätzung der Motivation und Prägung und damit für das Verständnis der jeweiligen Kollektion. Wie aus den zitierten Zeilen Steinmanns hervorgeht, handelte es sich in der Geschichte des Völkerkundemuseums bei den Donatoren keineswegs immer um Ethnologen, die einer fachspezifischen Theorie, Systematik oder auch einem bestimmten Auftrag folgend Objekte zusammengetragen hätten.

Im vorliegenden Zusammenhang sind es namentlich zwei Schweizer Sammler indonesischer Ethnographica, die kurze Erwähnung finden sollen: Einer ist Hans Schärer (1904–1947), ein Missionar der Basler Mission. Er trug Material für zwar kritisch rezipierte, sicherlich aber doch bemerkenswerte Studien zur Religion der Ngaju-Dayak Süd-Borneos zusammen, bei denen er von 1932 bis 1939 gelebt hatte.[6] Von den Erben Schärers hat das Völkerkundemuseum 1988 eine Schenkung von etwas über 150 Gegenständen aus dieser Region – zahlreiche kleine Holzfiguren, Gerätschaften, einige Kleidungsstücke sowie viele Zeichnungen – erhalten. Beim zweiten Sammler handelt es sich um den Zürcher Geologen Friedrich Weber (1878–1959). Er soll an dieser Stelle gewissermassen ein Komplement zu Wolfgang Leupold repräsentieren, der ihn vermutlich persönlich gekannt hat. Weber reiste als Petrolgeologe 1909 nach Niederländisch-Indien und verbrachte dort lange Jahre im Auftrag niederländischer, englischer und amerikanischer Ölgesellschaften, von 1916 bis 1920 auch mit Expertisen von Kohlelagern in Ost-Borneo. In der von Leupold in seiner Funktion als Professor der Mikropalaeontologie und Praktischen Geologie seit den 1940er-Jahren betreuten Mikropalaeontologischen Sammlung der ETH Zürich befinden sich einige Gesteinsproben, die ihm Weber zustellte. Beide waren sie Mitglieder der Vereinigung Schweizerischer Petroleum-Geologen und -Ingenieure. Weber entwickelte auf seinen Reisen in Südost-Asien eine besondere Faszination für Textilien und legte eine entsprechende Sammlung an. Der von ihm verfasste Aufsatz für den Katalog einer Ausstellung seiner Stücke im Kunstgewerbemuseum Zürich 1935 macht seine vertiefte Auseinandersetzung mit der Materie deutlich.[7] Bereits 1912 und 1913 hatte Friedrich Weber dem Völkerkundemuseum eine Kollektion von Objekten, darunter auch Stücke aus Borneo, als Depositum überlassen; diese verkaufte er dem Museum später und ergänzte sie um Schenkungen.

Wolfgang Leupolds Aufenthalt in Indonesien war einmalig und, nicht zuletzt familiär bedingt, ungleich viel kürzer als der seines Zürcher Kollegen. Auch bereiste er nicht wie dieser den gesamten Archipel von Sumatra und Java bis nach Neuguinea. Anders als Hans Schärer, der sich als Missionar zehn Jahre später im dicht bevölkerten Süden Borneos aufhalten sollte, führten seine Aufträge als Erdölprospektor Leupold in die nordöstlichen Distrikte des niederländischen Teils der Insel – in das Tidongsche Land, nach Bulungan, Berau und in die Mangkalihat-Halbinsel – und damit vornehmlich in Gebiete, die geologisch von vorrangigem Interesse, in weiten Teilen jedoch kaum besiedelt waren. In den rückseitigen Beschriftungen seiner Fotografien finden sich denn auch entsprechende Kommentare notiert, während einer Reise am Sebuku-Fluss beispielsweise: «Die Dajaks von Tinampak und Kedjadja kommen noch etwa einmal bis hier um Sago zu holen. Im übrigen ist alles völlig menschenleer.» (Foto 40) Oder auch, bei einer Expedition unweit des Berau-Flusses: «Ausser Krokodilen, Schweinen – und Moskiten existiert und gedeiht hier absolut nichts. Der Nipa-nipa ist eine ungangbare, menschenleere Vegetationswüste, in der ein Mensch, ohne weitere Hilfsmittel ausgesetzt, in kurzer Zeit umkommen würde.» (Foto 31)

31. *Der Unterlauf des Flusses Taballar, der etwas südlich des Deltas des Berouwflusses im Meer mündet. Typische Nipavegetation des Küstenmorastes, fast reine Bestände der Nipapalme. Diese Nipavegetat. nimmt in den grossen indischen Flussdeltas und Küstenmorastsäumen (soweit das Wasser bei Flut brackisch ist!) riesige Areale ein. Ausser Krokodilen, Schweinen – und Moskiten existiert und gedeiht hier absolut nichts. Der Nipa-nipa ist eine ungangbare, menschenleere Vegetationswüste, in der ein Mensch, ohne weitere Hilfsmittel ausgesetzt, in kurzer Zeit umkommen würde. Da bei Flut alles unter Wasser steht könnte er keinen Ausweg finden und müsste verdursten.*

Die Insel Bunyu, auf der Leupold zunächst Prospektionen durchzuführen hatte und wo er ab 1926 als Leiter des über die Jahre entwickelten Grabungsortes Bukit Tengah fungierte, war zu Beginn seiner Erkundungen vollständig unbewohnt. Eine Vielzahl von Fotografien hält Momente und Orte der verschiedenen Expeditionen fest und ist, vor allem auch wegen der rückseitig angebrachten Kommentare Leupolds, von spezifisch geologischem Interesse. Wir lesen von einem «schönen Aufschluss der Ölantiklinale von S-Boenjoe bei ihrem Ausstreichen an der SE-Küste». Ein «prächtiger, für Tropengeologie ein unglaublich schöner Aufschluss», ebenfalls im Süden der Insel, wird fotografiert und vermerkt, ferner die Notwendigkeit von Sondiergrabungen, also künstlichen Aufschlüssen, als in diesem Gelände «einzige Methode, über eine tektonische Frage Sicherheit zu bekommen». Eine Reihe weiterer Aufnahmen, von denen hier eine ganze Auswahl abgebildet wird, dokumentiert ergänzend die zunehmende Besiedlung der Insel seit den Anfängen 1923: den Anlegeplatz für Boote und die zur «Ölstadt» führende Strasse, das Kamp Bukit Tengah mit den Wohnhäusern der Mitarbeiter, Bureau, Magazin und Werkstätte – sowie natürlich die verschiedenen Bohrtürme. (Foto 32 bis 39)

32. *Aug. 1923. Der von mir vor einem Jahr begonnene Landungssteg am S. Boeaja, jetzt ein Punkt von grossem Verkehr. Hier beginnt die Strasse nach Boekit Tengah, unserer «Ölstadt». Auf diesem Bild sieht man 4 chinesische Dschunken liegen, welche mit Gemüse, Fisch, u. ähnl. vom engl. Gebiet bei Tavao gekommen sind, ausserdem 2 inländische Fischerboote. Umgebung schauriger Mangrovensumpfwald. Auf dem Landungssteg rechts ein eben angekommener tankartiger Motortraktor, der die Transporte S. Boeaja – B. Tengah schleppen wird, was eine grosse Erleichterung bedeuten wird, da bis jetzt die 2½ km hinaufgetragen werden muss.*

33. *Der Anlageplatz für Boote und der Beginn der Strasse nach unserem Kamp und Bohrterrain in Boenjoe.*

34. *Eine Partie an der Strasse von der Küste nach Boekit Tengah, unserer Ölstadt auf Boenjoe. Ist dies nicht ein Waldbild gemalt von Zünd?*

35. *Der erste Bohrturm auf Boenjoe, in Betrieb seit Beginn Februar. Mitte Februar 1923 hat die Bohrung eine starke Gaslage angebohrt, wobei faustgrosse Steine über den 30 m hohen Turm hinausgespien wurden.*

36. *Das Kamp Boekit Tengah, Bohrterrain Boenjoe von NW. Unser Haus ist nicht sichtbar. Der ganze ausgeholzte Platz ist etwa 250 M im Geviert, dies ist «unsere Welt», ringsherum geschlossen durch die Urwaldmauern. Mit Bedauern denkt man an das alte Kamp zurück mit seinem freien Blick auf das Meer.*

37. *Das Kamp Bukit Tengah, Bohrterrain Süd-Boenjoe, von NW. Ganz rechts das Haus Ing. Veldkamp, in der Mitte rechts das Haus des Machinisten Domzalsky, Mitte links, in einer Reihe hintereinander das Bureau (m. offenem Fenster), das Magazin und die Werkstätte. Ganz links: Haus eines Bohrmeisters. Rechts kommt die Strasse von Soengei Boeaja, dem «Hafen», herauf. – Transport von Röhren mit einem amerikan. Traktoren.*

38. *Unser gegenwärtiges Haus in P. Boenjoe. Besteht immer noch aus Palmblattwänden, ist jedoch ziemlich anständig gearbeitet, so dass die Zimmer ganz gemütlich aussehen. Elektrisch Licht haben wir auch, wie aus den vielversprechenden Drähten hervorgeht. Nach unserer Rückkehr aus Tarakan Aug. 1923*

Das war bald dass es abgebrant wurde weil die Wände voll voll Kakerlakken waren, die kl. Sorte
[Handschrift Erika Leupold]

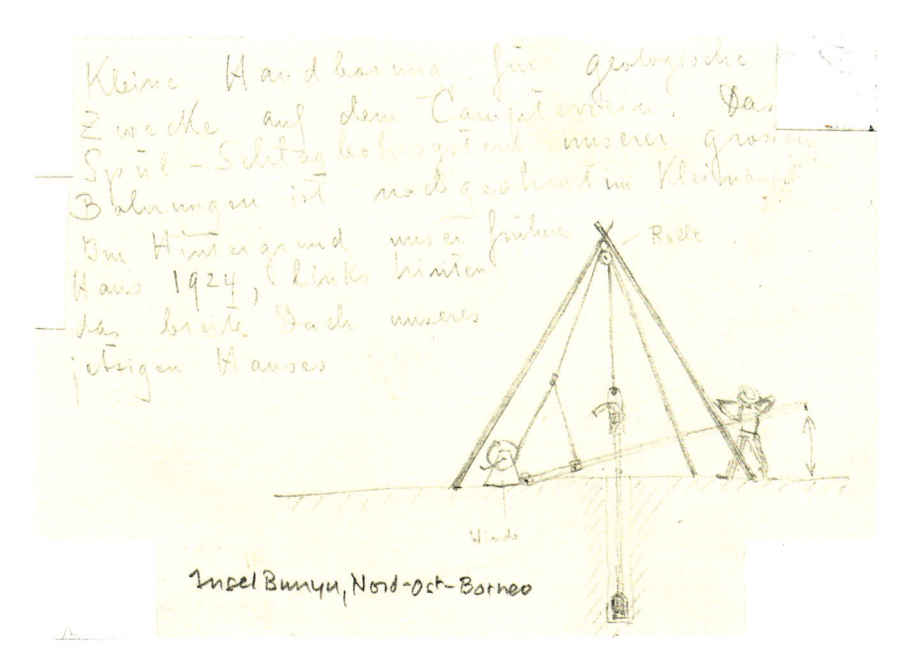

39. *Kleine Handbohrung für geologische Zwecke auf dem Campterrein. Das Spül-Schlagbohrsystem unserer grossen Bohrungen ist nachgeahmt im Kleinen. Im Hintergrund unser früheres Haus 1924, links hinten das breite Dach unseres jetzigen Hauses.*

Gerade die ausgesprochene regionale Konzentration auf ein auch von Europäern wenig bereistes und dokumentiertes Gebiet lässt Leupolds zum Teil recht ausführlich kommentierte Fotografien als zwar fragmentarisches, jedoch historisch wertvolles Anschauungsmaterial mit einem eigenen Erkenntniswert erscheinen. Dasselbe gilt für die indigenen materiellen Erzeugnisse in seiner Sammlung, die im Katalogteil der vorliegenden Publikation einer näheren Betrachtung unterzogen werden.

Es ist leider nicht mehr möglich, die einst vorhandene Bibliothek Leupolds zu Niederländisch-Indien zu rekonstruieren. Immerhin bleibt uns sein Bericht über die jugendliche Begeisterung und Träumerei bei der Lektüre von *Ein Jahr an Bord der I.M.S. Siboga*, der Beschreibung einer holländischen Tiefsee-Expedition im Niederländisch-Indischen Archipel 1899–1900. Es finden sich auch Verweise auf die zwei umfassenden 1904 beziehungsweise 1907 erschienenen Bände *Quer durch Borneo* des niederländischen Arztes und späteren Professors für Geographie und Ethnologie Anton Willem Nieuwenhuis, der die Insel im Zuge mehrerer Expeditionen während der 1890er-Jahre bereiste. Erika Leupold erwähnt in ihren Erinnerungen *Heitere Tage mit braunen Menschen*, ein 1929 veröffentlichtes Reisebuch des deutschen Journalisten Richard Katz: «Alles, was Richard Katz über Indonesien schreibt, seine Natur- und Menschenbeobachtungen, ist treffend, und ohne etwas zu verschönern oder zu vermindern geschildert.»

40. *Reise Seboekoe 1924: Beginn der Schlucht des Oberlaufes des S. Mesaloi (l. Seitenflüsschen des S. Seboekoe bei Tinampak)* An den sehr steilen Hängen steht schwerer Gebirgswald, die Palmen sind Sagopalmen. Die Dajaks von Tinampak und Kedjadja kommen noch etwa einmal bis hier um Sago zu holen. Im übrigen ist alles völlig menschenleer.

II Fotografien

Zu Beginn des Ersten Weltkrieges, vor Aufnahme seines Geologiestudiums an der Universität Bern im Herbst 1914, arbeitete Wolfgang Leupold als Freiwilliger Hilfsdienstler im Pressebureau des Armeestabs, wo er Bilder «von der Front» selektionierte und für die Presse zusammenstellte.[8] Dies mag seinen Blick für die formale und inhaltliche Aussagekraft von Fotografien zusätzlich geschärft haben. Jedenfalls zeugen viele seiner Bilder aus Niederländisch-Indien von hohem ästhetischem Empfinden und feinsinniger Beobachtung. Die von ihm auf die Reise nach Borneo mitgeführte Kamera, eine Contessa Nettel, hat sich im Familienbesitz erhalten. An der blechernen Transportkiste hängt noch das Etikett der Stoomvaart-Maatschappij «NEDERLAND» mit der Anschrift Dr. Leupold Bern Svizzera.

Eine kursorische Betrachtung der Sujets der über 200 dem Völkerkundemuseum überlassenen Fotos Leupolds ergibt einen naheliegenden Schwerpunkt in der visuellen Dokumentation seiner geologischen Erkundung und Erschliessung des Gebiets, wobei die Aufnahmen zum Bohrterrain auf Bunyu wie auch zu den einzelnen Expeditionen innerhalb der kleinen Insel, im niederländischen Nordosten Borneos und auf Java vor allem aus den ersten drei Jahren des Aufenthalts, von 1922 bis 1924, datieren. Zahlenmässig umfangreich ist ferner die Gruppe von Fotografien des privaten Bereichs, Porträts und Stimmungsbilder Erikas und des kleinen Sohnes Urs, aber auch der verschiedenen Wohnsituationen und einiger Ferienaufenthalte.

Die Aufnahmen haben sich als wesentlich für den Versuch einer ansatzweisen Rekonstruktion der niederländisch-indischen Zeit der Familie Leupold erwiesen, des privaten wie des beruflichen Alltags, dies umso mehr, als sich keine der Notizhefte des Geologen erhalten zu haben scheinen. Viele der Fotografien sind in Alben aufbewahrt; aus der Reihenfolge dieser Zusammenstellung erschliesst sich bereits eine ungefähre Chronologie der Bilder. Die Intention einzelner Aufnahmen wird in den noch im Feld rückseitig angebrachten Kommentaren Wolfgang Leupolds verdeutlicht. In einigen Fällen erlauben diese Anmerkungen zudem eine genauere Datierung und geographische Situierung. Zu einem späteren Zeitpunkt wurden viele der Bilder zusätzlich von Urs Leupold mit knappen Angaben zum Ort versehen. Unsere Recherchen machten ausserdem die Zuordnung zahlreicher weiterer Bilder möglich. Einige Fotos hingegen konnten zwar inhaltlich verortet und auch mit anderen Aufnahmen zu kleineren und grösseren Gruppen geordnet werden; eine Datierung oder genaue örtliche Zuschreibung derselben ist jedoch bisher nicht gelungen.

In *Die helle Kammer* notiert der französische Denker Roland Barthes: «Da die Photographie reine Kontingenz ist und nur dies sein kann (es ist immer ein *Etwas*, das abgebildet wird) […], so liefert sie auf der Stelle jene ‹Details›, die das Ausgangsmaterial des ethnologischen Wissens bilden.»[9] Als Fotograf bestimmte Leupold die Auswahl dessen, was durch ein Bild festgehalten, dokumentiert, bewahrt und weitergegeben werden sollte. Aus einer ethnographischen Perspektive sind es namentlich seine Aufnahmen von Menschen, spezifisch der indigenen Bevölkerungsgruppen Ost-Kalimantans, die besonders ergiebig erscheinen, umso mehr, als diese ganz anderer Art sind als die für die Zeit durchaus noch charakteristische und verbreitete anthropometrische Fotografie.

Zu den gewissermassen klassischen kolonialen Gruppenporträts Leupolds gehört eine undatierte Aufnahme, die – in zwei Abzügen vorhanden – einmal von Erika und im anderen Fall von Wolfgang Leupold beschriftet wurde. Er notiert ganz knapp: «Eine Gesellschaft Dajakers aus dem Innern von Borneo», sie, etwas ausführlicher und an die europäischen Vorstellungen über die berühmt-berüchtigten Einwohner Borneos anknüpfend: «2 inländische Soldaten u. die berühmten Dajaker, die wild aber für uns ungefährlich sind. Unter ihnen selbst kommt bei religiösen Gelegenheiten das Köpfen u. Totspiessen noch vor, aber immer weniger.» (Foto 41)

41. Gruppe von Dayak

Wolfgang Leupold fotografierte vor allem Leute, mit denen er persönlich zu tun hatte. Häufig liefern seine Bildkommentare spezifische Informationen zum Namen und zur Identität der Porträtierten, seien diese die Bediensteten im eigenen Haus oder – im Rahmen seiner Expeditionen – Kollegen, Träger, inländische Topographen,

42. Ein Langhaus am Kayan-Fluss

Führer und Verhandlungspartner. Zu dieser letzten Kategorie gehörte wohl der Makulit-Häuptling Amban Klisan. Dessen Dorf Long Leju lag, wie der Schweizer Geologe notierte, ungefähr 50 Kilometer von Tanjung Selor entfernt, am Kayan-Fluss. Wie Leupold weiter vermerkte, lebten die zur Volksgruppe der Kenyah gehörenden Makulit «in einem einzigen, 200 Meter langen Hause». (Foto 42) Sie waren als Klassengesellschaft mit Adel, Gemeinen und Sklaven organisiert. Die beiden Aufnahmen Leupolds porträtieren den Häuptling in seinem Dorf vor dem Langhaus, mit den von ihm als Jäger rekrutierten Punan sowie im Kreise seiner Familie. (Foto 51 und 52)

Es haben sich interessanterweise auch über zehn Jahre ältere Bilder Amban Klisans erhalten. Diese sind in der Sammlung des Rotterdamer Wereldmuseum aufbewahrt.[10] Eines zeigt den Häuptling mit seiner Crew im Studio eines Fotografen, im anderen Fall wurden die Männer im Freien aufgenommen, wohl im westlichen Neuguinea, wo sich Amban Klisan mit seinen Leuten 1909/1910 an einer Expedition zur Erkundung von Schneegebirgen unter der Leitung von H. A. Lorentz beteiligt hatte.

Über die Lorentz-Expedition berichtet unter anderen L. S. A. M. von Römer, Stabsarzt der königlichen Niederländischen Marine, ausführlich. Ein paar Sätze mögen hier eine Vorstellung darüber vermitteln, wie ein solches Vorhaben organisiert wurde und sich personell zusammensetzen konnte, wenn auch in diesem Fall natürlich in weit grösserem Massstab als bei Leupolds geologischen Erkundungen: «Da eine frühere Expedition ergeben hatte, dass die Dajak, die Bewohner von Borneo, für die Arbeit, die in Neu-Guinea vollbracht werden musste, ganz besonders geeignet sind, hatte sich Dr. Lorentz vorher selbst nach verschiedenen Teilen von Borneo begeben, um Kuli und Gehilfen anzuwerben. Ihn unterstützte dabei Leutnant der Infanterie D. Habbema, der als Kommandant der Deckungs-Kompagnie die Expedition begleiten sollte. Während dieser nun Leute aus dem Makulit-Stamm der Kenja, die in Ost-Borneo wohnen, in Dienst nahm, fügte Lorentz gut 60 Dajak aus West-Borneo, aus den Stämmen der Kajan und Punan, der Expedition hinzu; darunter befanden sich auch ein paar Borneo-Malaien. Die Kenja standen unter dem Befehl von zwei Häuptlingen: Ding Pui und Amban Krissauw; die Kajan unter Tigang Aging, Adjang und Ngo Aboi. Charakteristisch waren ein paar Bedingungen, unter denen sie sich zum Mitgehen entschlossen: sie wollten gegen Pocken geimpft werden und den General-Gouverneur ‹tuwan besar› [den Grossen Herrn] sehen.»[11]

In seinem Text nennt von Römer neben den Kenyah und Kayan die Stämme der Punan, aus denen Mitarbeiter für die Neuguinea-Expedition rekrutiert wurden. Die Dienste dieser nomadisierenden, in Subsistenzwirtschaft lebenden Bewohner des Urwaldes, die als äusserst geschickte Führer galten, nahm auch Wolfgang Leupold über ein Jahrzehnt später in Anspruch und fotografierte einige von ihnen. Eine Reihe von Aufnahmen dokumentiert ferner die Begegnung des Schweizer Geologen mit den ebenfalls nomadisierenden Basap im südlichen Bulungan- und im angrenzenden Berau-Distrikt. (Foto 43 bis 46 sowie 60)

Bis heute gehören namentlich die Basap zu den wenig untersuchten Völkern Ost-Kalimantans.[12] Deshalb stellen die erhaltenen Aufnahmen und Notate Leupolds, selbst in ihrer fragmentarischen Natur, für die Forschung historisches Quellenmaterial von besonderem ethnographischem Wert dar. In seinen Bildnotizen geht Leupold immer wieder beschreibend auf die soziale Organisation der Basap in kleinen Familienverbänden ein, ferner auf ihre Lebensform als Sammler und mit Speer und Blasrohr bewaffnete Jäger, aber auch auf den von ihnen praktizierten Tauschhandel mit begehrten Produkten des Urwalds sowie auf ihre Orientierungsfähigkeit, die sie zu ausgezeichneten «Pfadfindern» mache. Bemerkenswert als kleines Beispiel eines unmittelbaren Wissenstransfers erscheint schliesslich der Verweis auf die einfachen, aus Palmblättern hergestellten Dachstrukturen, die – wie auf vielen Fotos ebenfalls ersichtlich – auch für die eigenen Waldhüttenbivaks übernommen wurden. (Foto 47)

43. Der Basap Manjan, lange Zeit Leupolds Führer

44. *Das Blätterabdach einer Bassaphorde am mittleren Binai im Sadjangebiet südl. Boeloengan. Okt. '23*

45. *Am Binaifluss im Sadjangebiet – S Boeloengan Bassaps in ihrem Blätterabdach: Bassaps sind in Familienhorden im Wald herumschwärmende Dajaks primitivster Kultur, Sammler und Jäger. Sie bauen primitive Blätterabdächer, nach welchen übrigens auch meine Waldhüttenbivaks kopiert sind, eine einzige Dachfläche aus Palmblättern. Hier ein älterer Mann, der sich von malayischen Händlern bereits ein gar nicht zu ihm passendes Kopftuch eingetauscht hat (wahrsch. gegen Guttapercha). 2 junge unverheiratete Männer, der mittlere, namens Manjan war langezeit mein Führer, ein ganz unglaublicher Pfadfinder. Okt. '23*

46. *Bassaps des Sadjan-Küstenstreifens zwischen Booloengan und Berouw. Dies ist die Horde des Oberlaufes des S. Binai, eines kleinen Flüsschen, an dem im ganzen drei solche Horden wohnen. Diese drei Familien haben das etwa 200 km² grosse Gebiet unter sich in drei Jagdgebiete geteilt, in denen jede unablässig jagend herumzieht von einem Bächlein zum andern, sich dabei aber innerhalb der übereingekommenen Grenzen hält. Im ganzen sind wohl diese drei Horden nicht mehr als etwa 25 Menschen, auf 200 km². Die Tücher, womit sie sich gegenwärtig bekleiden, sind gegen Harz und ähnliche Waldprodukte eingetauscht von den Boeloenganesen.*

47. Das Kamp am «Bambusfluss» in Nord-Boenjoe, 20. Febr. 23, 5 h p. m. Links die Hütte des inländischen Topographen und seiner Koelis, in der Mitte die Hütte meiner Koelis und rechts meine Hütte mit der Fahne und dem vielversprechenden Küchenrauch. Echte Abendstimmung.

Wieder zurück in der Schweiz liebte es Wolfgang Leupold, Verwandten, Freunden und Besuchern seine Aufnahmen aus Borneo zu zeigen und über das Erlebte zu berichten. Ein von ihm gemaltes «Titelbild» diente zu Beginn der Vorstellungen als scherzhafte Einstimmung. Für die Projektion seiner grossformatigen Glaspositive hatte er sich von einem befreundeten Präparator des Berner Geologischen Instituts eigens einen Apparat bauen lassen. Das Gerät wie auch die Instruktionen zur Montage des im Familienkreis als «Kanone» bekannten, in der Tat imposanten Instruments existieren noch und befinden sich im Besitz der Nachkommen Urs Leupolds.[13] Viele der Glaspositive haben sich ebenfalls erhalten und mögen eine zusätzliche Vorstellung dessen vermitteln, welche seiner Aufnahmen Leupold im Rückblick für die anschaulichsten, spannendsten, vielleicht auch für die schönsten hielt.

Über die unmittelbare Wirkung im familiären Umfeld und im weiteren Bekanntenkreis hinaus – darauf sei an dieser Stelle immerhin verwiesen – scheinen einige Fotos Leupolds auch ein breiteres Publikum erreicht zu haben, obgleich sie in den von uns recherchierten Kontexten nicht namentlich mit ihm in Verbindung gebracht wurden.

Author's Collection, Field Museum, Chicago.

A Dyak hunting for game in the jungle. His trusty *mandau* is attached to his girdle at his left side and a quiver of poisoned arrows at his right side, while his right hand grasps the *sumpitan* or blow-pipe.
At side—Poisoned arrows for blow-pipe.

William O. Krohn,
In Borneo Jungles, 1927, S. 204

So ist in der 1927 in Indianapolis verlegten Monographie *In Borneo Jungles* des amerikanischen Arztes William O. Krohn, der im Auftrag des Chicago Field Museum in Borneo Ethnographica gesammelt hatte, die rechte Hälfte einer Fotografie Leupolds reproduziert. Der spezifischen Beschriftung des Schweizer Geologen zufolge zeigt die Aufnahme, auf der links noch ein Mitarbeiter Leupolds zu sehen ist, einen mit Blasrohr und Buschmesser bewaffneten Punan aus dem Berau-Distrikt. (Foto 61) In Krohns Buch ist das beschnittene Bild mit einer allgemeineren Bildlegende versehen und mit der Angabe «Author's Collection, Field Museum, Chicago». Wie das Foto in den Besitz des amerikanischen Arztes kam, entzieht sich unserer Kenntnis.

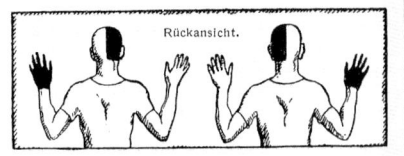

Kaiser's Schatzkästlein, Pestalozzi-Kalender II. Teil, Bern 1932

In einem Druckmedium ganz anderer Art, dem seit 1908 jährlich in deutscher und französischer Sprache erscheinenden Pestalozzi-Kalender, wurde ebenfalls fotografisches Material Leupolds verwendet. Die äusserst beliebte Berner Publikation für Jugendliche war immer durch ein Begleitheft ergänzt, einem Büchlein voll anregender Spielideen, Geschichten und Berichte von fernen Ländern. In diesem «Schatzkästlein» waren 1932 und 1933 einige Aufnahmen Leupolds abgedruckt. 1932 war das Thema der Bau eines Einbaums, (Foto 64) ein Jahr später dann die «Pfahlbauten auf Borneo.» Wie die Bilder sind auch die Texte nicht mit einer Angabe zum Autor versehen; vielleicht wurden sie von Leupold selbst geschrieben, jedenfalls sind sie offensichtlich aufgrund der von ihm gelieferten Informationen verfasst worden.

Auf die Fotografien Leupolds wurde an dieser Stelle auch deshalb so ausführlich eingegangen, weil sie, um noch einmal mit Roland Barthes zu sprechen, als «Ausgangsmaterial zum ethnologischen Wissen» für unsere Beschäftigung mit der Objektsammlung wesentliche Erkenntnisse lieferten. Der nun folgende letzte Abschnitt soll als Einführung und Überleitung zu dem diesen Gegenständen gewidmeten Katalogteil dienen.

III Gegenstände

Im ersten, 1751 in Paris veröffentlichten Band der *Encyclopédie* wurden die Bereiche des Wissens von Denis Diderot im «System der Kenntnisse des Menschen» in eine Ordnung gebracht und figürlich repräsentiert. Den Ausgangspunkt bildete dabei der Verstand (*entendement*), von dem Gedächtnis (*mémoire*), Vernunft (*raison*) und Einbildungskraft (*imagination*) ausgingen. In den Bereich Gedächtnis gehörte nach Diderot die Geschichte (*histoire*), weiter unterschieden in geistliche und weltliche Geschichte sowie Naturgeschichte (*histoire de la nature*). Innerhalb der Naturgeschichte wiederum figurierten, als «Verwendung der Natur» (*usages de la nature*), die Künste, Handwerke und Manufakturen, wobei in grosser Differenziertheit Bearbeitung und Verwendung einer Vielzahl von Werkstoffen genannt waren. Dem enzyklopädischen Verständnis Diderots zufolge, der bekanntlich einen bedeutenden Schwerpunkt der eigenen Arbeit in der verbalen und visuellen Dokumentation handwerklicher Techniken sah, war diese «Verwendung der Natur» als Ausdruck der Fähigkeiten, des Wissens und der Erfahrung des Menschen zu begreifen. Die Artefakte stellten als Umsetzungen und materielle Zeugnisse derselben essentielle Speicher von Gedächtnis dar. Mochten viele Techniken späteren Generationen und Epochen nicht oder nicht mehr bekannt sein, das Fortbestehen der Gegenstände bedeutete doch eine Möglichkeit, einen Teil des Wissens, das sie hervorgebracht hatte, zu bewahren.

Die Bemühung, Teile der Geschichte und des in den Gegenständen enthaltenen Wissens zu rekonstruieren und wieder zugänglich zu machen, muss als eine der wesentlichen Aufgaben eines Völkerkundemuseums angesehen werden. In der Beschäftigung mit der Schenkung Leupold stand zunächst die ethnographische Bestimmung der einzelnen Objekte im Vordergrund. Einige Gegenstände sind javanischen, chinesischen sowie sumbanesischen Ursprungs und können als gewissermassen klassische Erinnerungsstücke kolonialer Erfahrung angesehen werden. Den Grossteil der Kollektion machen allerdings Artefakte der indigenen Kenyah- und Kayan-Völker Ost-Kalimantans aus: die traditionellen Musikinstrumente der Dayak – Laute und Mundorgel –, Werkzeug und Waffen, darunter vier Schwerter als Beispiele eines raffinierten Schmiedehandwerks, ferner Ohrschmuck aus geschnitztem Horn, kunstvoll geritzte und eingefärbte Behälter und Köcher aus Bambus, geflochtene Kopfbedeckungen und Körbe, ein expressiv bemalter Schild sowie reich verzierte Jacken aus Rindenbaststoff.

Die Kreativität und grosse Kunstfertigkeit der Dayak-Völker im Umgang mit verschiedenen Materialien beeindruckte schon zu Beginn des letzten Jahrhunderts die europäischen Autoren, wie eine Vielzahl von Publikationen belegt. Verwiesen sei etwa auf die berühmte Studie Alois Raimund Heins, *Bildende Künste bei den Dayaks auf Borneo*, die bereits 1890 in Wien erschien. In einer bemerkenswerten, den Zeitgeist widerspiegelnden Veröffentlichung aus dem Jahr 1913, *Die Veranlagung der malaiischen Völker des ost-indischen Archipels, erläutert an ihren industriellen Erzeugnissen*,[14] thematisierte auch Nieuwenhuis den Kunst-, Formen- und Farbsinn der Dayak, ihre Beherrschung aller Schritte des Prozesses, von der Materialbeschaffung zur kunstvollen Verarbeitung. Ihr Augenmass bei der freihändigen Ausführung der Muster aus dem Kopf, ohne Entwurf oder Vorzeichnung, zeugte nach Auffassung Nieuwenhuis' vom hochentwickelten Vorstellungsvermögen und von einer beeindruckenden geistigen Leistung dieser als «niedrig stehende Völker» eingestuften Kulturen.

Zu den Autoren innerhalb der aktuellen Borneo-Forschung, die sich in den letzten Jahrzehnten auch immer wieder mit Kunst und Handwerk befasst haben, gehört Bernard Sellato. Die grosse formale Kreativität sieht er, wie er in einem Übersichtswerk zum Thema aus dem Jahr 1989 darlegt, in einem spezifischen, von einer starken Dichotomie geprägten Verständnis von Natur und geistiger Welt, von Dorf und Wildnis begründet; im Reichtum der Gestaltung kann die Natur in die Kultur einbezogen und so befriedet werden. Die Ornamentierung von Dingen wäre also, jedenfalls ursprünglich, mit der Intention einer Beschwörung von schützenden Geistern verbunden gewesen.[15] In neueren Beiträgen hat Sellato sich unter anderem mit Rindenbaststoffbekleidung befasst,[16] jüngst, in einer für dieses Jahr angekündigten grösseren Publikation, mit Korbflechterei. In seiner Einschätzung hat die traditionelle Kunstproduktion in Borneo während der letzten siebzig Jahre stark an Varietät eingebüsst. Einige Handwerke, so das Schnitzen und Ritzen von Bambus und Horn, seien fast gänzlich vergessen. Hüte und Körbe würden noch hergestellt, vor allem für die Touristen, allerdings in deutlich geringerer Qualität als früher. Auch vor dem Hintergrund solcher Beobachtungen ist die Bedeutung der Objekte der Schenkung Leupold als wertvolle Zeugnisse eines nicht länger vermittelten und ausgeübten Könnens zu sehen.

Bei unserer Arbeit beschäftigte uns besonders die Frage nach dem Wesen der Sammlung, nach der inneren Verbindung der zusammengeführten Gegenstände. Diesen Zugang reflektieren auch die zu einzelnen Stücken beziehungsweise zu Objektgruppen verfassten Kurztexte im Katalogteil, die weit mehr als die Hälfte der Stücke genauer erörtern. Wie bereits angesprochen war es nicht Leupolds Absicht gewesen, einem spezifischen ethnographischen Interesse folgend eine bestimmte Kollektion von Artefakten zusammenzutragen, wie dies etwa bei Schärer in bezug auf Religion oder bei Weber für Textilien der Fall war. Die Gegenstände eint

48. Wohnhaus der Familie Leupold in Tanjung Selor

nicht eine wissenschaftliche Intention und geleitete Erkenntnissuche; die Ursprünge der Sammlung Leupold sind wesentlich im Biographischen begründet.

Mit Hilfe der Aufnahmen und der schriftlichen Dokumente versuchten wir uns ein Bild darüber zu machen, welche Rolle die Objekte während der indonesischen Jahre der Familie Leupold spielten und auf welchen Wegen sie in ihren Besitz kamen. Eine ganze Anzahl davon ist immer wieder auf Bildern der verschiedenen Wohnhäuser zu erkennen (z.B. Foto 48): auf dem Klavier eine chinesische Glocke in einem hölzernen Gehäuse, ein Deckelgefäss in getriebenem Gelbguss und zwei Holzelefanten, die Hinterlassenschaft des früh verstorbenen Vorgesetzten Leupolds an Erika. An der Wand hängen, zwischen Heimatbildern, eine dayaksche Mundorgel sowie ein Sonnenhut und, in der rechten Ecke, ein Schild der Kenyah;

49. Auf dem Umzug! Transport meines Gepäcks vom Kamp auf dem «Langen Kap» an der Ostküste Boenjoe nach dem «Bamboesfluss» im Innern der Insel. Der dritte von links, mein Boy, lehnt sich an die schwerste Last, die Matraze des Feldbetts. Rechts mit dem Pickel der «Hübsche», Kassim. In der Mitte sitzend der «Häuptling» meiner Koelis, Sikai, ein älterer Familienvater. Rast an der Küste im Schatten einer Wand von Braunkohle. 19. Febr. 23

auf dem Schreibtisch Leupolds stehen eine hochstielige Öllampe und verschiedene chinesische Keramikgefässe.[17] Den Boden bedecken grosse gestreifte Matten aus gefärbtem Rotang. Einige der Gegenstände, die den Bereich des Haushalts, soweit er uns über die Fotos bekannt ist, über Jahre konstant mitgestalteten, dürften Willkommensgeschenke und Tauschgaben gewesen sein, andere, eher praktische Dinge wie die Matten wurden von den Leupolds wohl vor Ort erworben. Auf den Fotografien lassen sich auch Objekte identifizieren, die dem Bereich geologischer Expeditionen zuzuordnen sind, handliche Gebrauchsgegenstände wie beispielsweise eine vielfach eingesetzte, aus feinem Rotang gearbeitete Tragvorrichtung für Lasten mit klappbaren Seitenwänden[18] (Foto 49) oder einfache, aus Palmblättern hergestellte Abdeckmatten und Stechpaddel, (Foto 50) aber auch

50. Seboekoereise 1924: Auf dem Seboekoe beim Dorfe Sapiol drei Wochen lang sass ich so vom Morgen bis Abend in meinem Weidlig mit dem Notizbuch auf dem Schoss. Im zweiten Weidlig sassen der Messgehilfe, der den Fluss krokierte und mein Bedienter Adam mit der Küche. Je vier Dajaks ruderten, von Dorf zu Dorf nur, jedesmal wurde die Bemannung gewechselt.

kostbare Stücke wie der geschnitzte Ohrschmuck oder die reich verzierten Schwerter. (Foto 51 und 64) Diese Artefakte bilden mit weiteren Objekten den wohl ethnographisch bemerkenswertesten Teil der Sammlung und dürften vermutlich zu den Geschenken gehören, die Leupold im Verlauf seiner Verhandlungen und Begegnungen mit indigenen Völkern erhielt.

Alle diese Gegenstände – ethnographisch vielfältige und eindrückliche Zeugnisse technischen Könnens und ästhetischen Empfindens – begleiteten auf unterschiedliche Weise den Alltag der Geologenfamilie in Niederländisch-Indien und später in der Schweiz. Als vielschichtige *objets de mémoire* stellen sie Dokumente hohen ideellen Werts dar. Durch die grosszügige Schenkung der Nachkommen Wolfgang und Erika Leupolds sind sie in die Obhut des Zürcher Völkerkundemuseums gekommen und zu einem nunmehr öffentlichen Kulturgut geworden.

Anmerkungen

[1] Leupold, Wolfgang, rückseitig auf einem mit 25. Februar 1923 datierten Foto.
[2] Leupold, Urs, 1989.
[3] Wehrli 1914, S. 10.
[4] Steinmann 1943, S. 58.
[5] Ebenda, S. 60.
[6] Schärer 1946 und 1966.
[7] Weber 1935.
[8] Leupold, Wolfgang, Sagen.
[9] Barthes 1985, S. 38.
[10] Inv.-Nrn. 902577 und F 2626/76. Vgl. Groeneveld 1989, S. 46 und 168.
[11] Nieuwenhuis 1913, S. 137ff.
[12] Zu den Basap vgl. u. a. Zahorka 2001 sowie Guerreiro 2004.
[13] Kopie im Archiv des Völkerkundemuseums.
[14] Nieuwenhuis 1913.
[15] Sellato 1989.
[16] Sellato 2006. Als wertvolle Studie zur materiellen Kultur der Kelabit Sarawaks sei auch Janowski 2003 erwähnt.
[17] Vgl. die entsprechenden Objektbeschreibungen auf den S. 90, 102, 124 und 138.
[18] Vgl. dazu Nieuwenhuis 1904.

Objektbeschreibungen

Ohrschmuck

Wolfgang Leupolds Erkundungen im Bulungan-Distrikt Ost-Kalimantans liessen ihn wiederholte Male den Kayan-Fluss befahren, in Expeditionen, die er auch durch zahlreiche Fotografien von Landschaft und Menschen dokumentierte. Auf den Rückseiten seiner Bilder hielt der Schweizer Geologe immer wieder Eindrücke und Beobachtungen fest, so auch zur Begegnung mit Amban Klisan, dem Häuptling des zum Volke der Kenyah gehörenden Makulit-Stammes von Long Leju, wie Leupold anmerkt «ein König von Natur, er überragt seine Dorfgenossen wirklich an Kraft und energischem Auftreten». Bei näherer Betrachtung der Aufnahmen erkennt man am linken Ohr Amban Klisans ein grosses, ovales Gehänge. Dieser charakteristische Männerschmuck der Kenyah, *sabau* genannt, wird aus der massiven Partie am Schnabel des in Borneo heimischen behelmten Nashornvogels (Rhinoplax vigil) geschnitten. Heute ist die Jagd des Nashornvogels verboten; über Jahrhunderte hinweg war das aufgrund seines intensiven gelben Farbtons auch als Goldjade bekannte Material allerdings ein kostbares Handelsgut und bis hin nach China und Japan äusserst begehrt.

Die beiden in Leupolds Kollektion erhaltenen, fein gearbeiteten Stücke mit schöner Färbung – bemerkenswert ist namentlich der tiefrote Rand – mag der Geologe von Amban Klisan, der Jahre zuvor schon mit Forschern in niederländisch-indischem Dienst zusammengearbeitet hatte, als Geschenk erhalten haben, vielleicht im Zuge von Verhandlungen zu einer Expeditionsbegleitung. Möglicherweise waren auch zwei weitere, aus dem Schnabel des Nashornvogels gefertigte Ohrschmuckstücke der Sammlung Leupold Teil dieser Gabe. In ihrer Form imitieren diese die Reisszähne von Raubkatzen, die ebenfalls beliebter Schmuck waren und in den oberen Bereich der Ohrmuschel gesteckt wurden. Die Kraft des in ihnen repräsentierten Tieres sollte sich schützend auf den Besitzer übertragen und böse Geister fernhalten.

Die prestigeträchtigen *sabau*-Ohrgehänge verwiesen bei den Kenyah ursprünglich auf den Erfolg ihres Trägers als Kopfjäger und galten allgemein als Statussymbol. Die in kunstvoller Schnitzerei geschaffene ornamentale Gestaltung der Hornsubstanz kreist immer um das mehr oder minder stilisierte Motiv des *aso*, eines mythischen Drachenhundes mit Unheil abwehrender Funktion. Seinen Wert leitete der Schmuck wesentlich aus den mit der Krafterfülltheit des Materials verbundenen Vorstellungen ab: In der heimischen Mythologie hatte der Nashornvogel als Repräsentant der Oberwelt und Teil der kosmischen Einheit eine zentrale Bedeutung inne.

pvwg

Lit.: Roth 1896; van Brakel et al. 1987; Hofiger 1988; Sellato 1989
Inv.-Nrn.: 25732, 25733, 25736, 25737

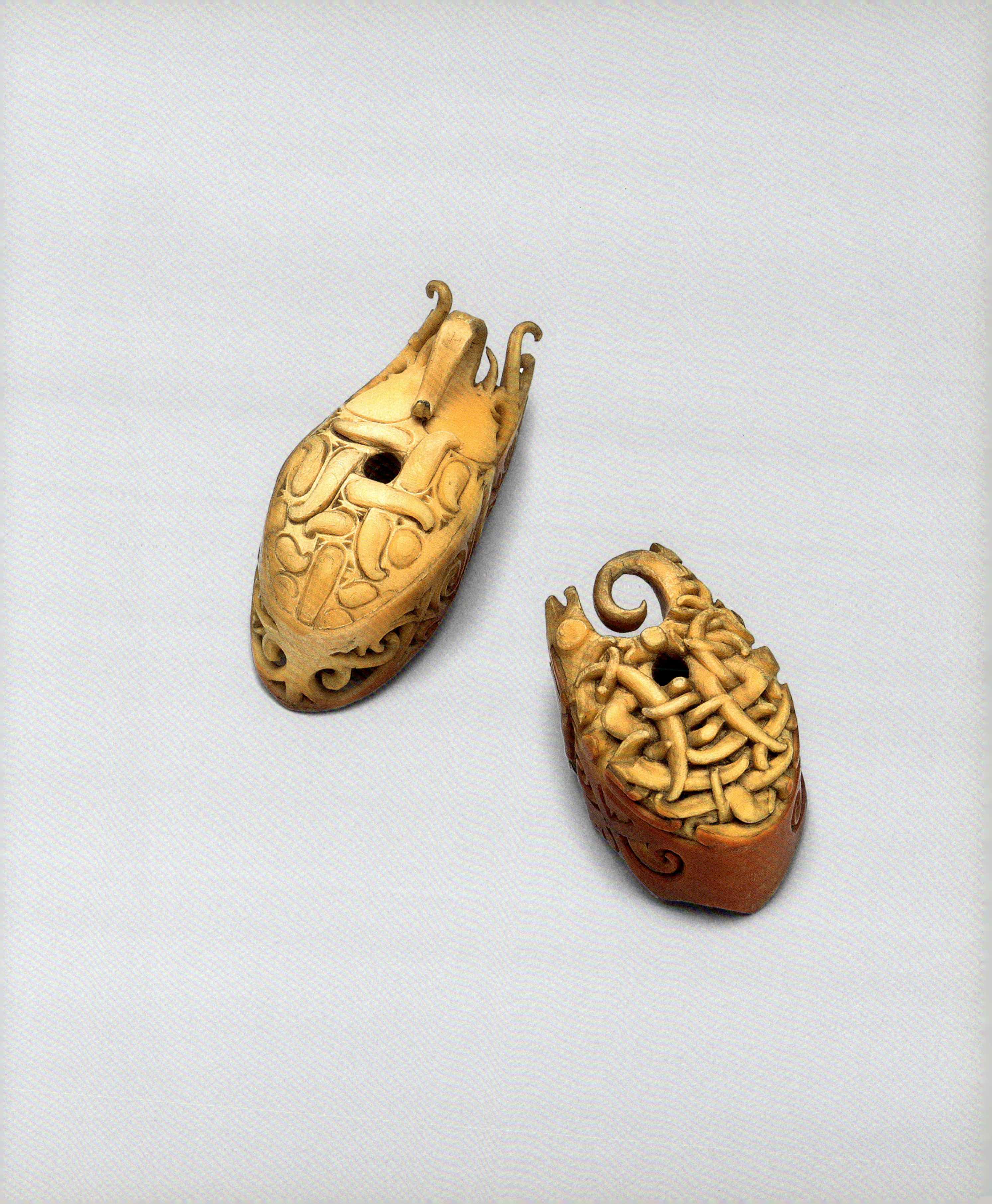

51. In Long Ledju, einem der grössten Dajakdörfer am S. Kajan (Boeloenganfluss), ca 50 km stromaufwärts von Tdg. Seilor. Das Dorf gehört zum Stamme der Makúlits, die wieder zum kräftigen Volke der Keniás gehören, die das ganze Quellgebiet des Kajan beherrschen. Das Dorf besteht aus einem einzigen, 200 m langen Hause. Davor steht (2. von rechts) der Häuptling Amban Klisan, ein Prachtskerl, der seinen königlichen Anordnungen wohl mit den Armen Nachdruck verleihen kann. Er wird aber an Körperbau noch übertroffen von den zwei Punans (nomadisierenden Walddajaks), die rechts und links von ihm stehen und die der König als spezielle Jäger in sein Dorf gezogen hat. Ganz links steht ein gewöhnlicher […] Makúlit.

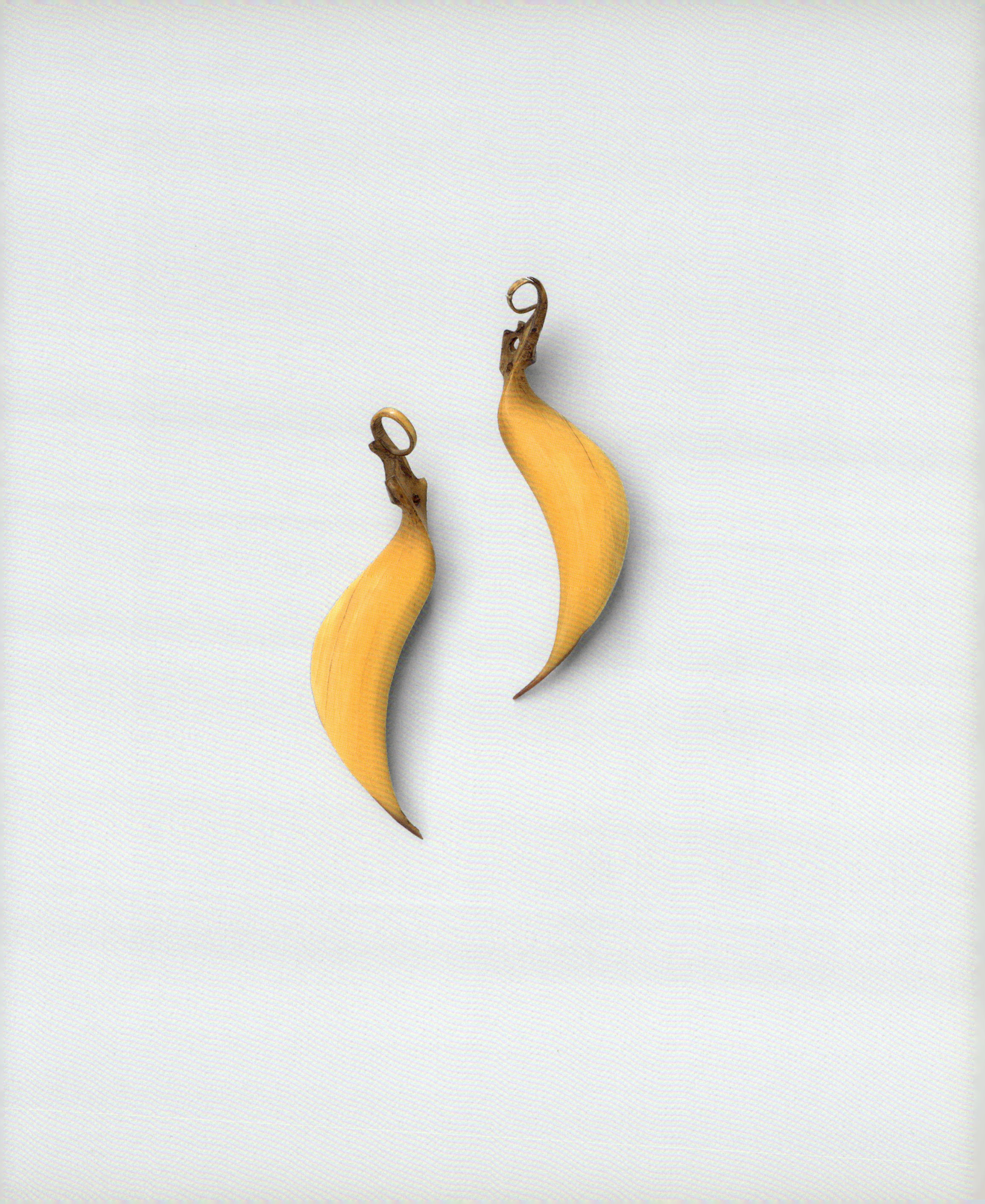

Jacken aus Rindenbaststoff

Unter den teilweise in Schachteln aufbewahrten Fotografien Wolfgang Leupolds aus seiner Zeit in Niederländisch-Indien befand sich, aus einer Tafel im zweiten Band von Anton Willem Nieuwenhuis' dickem Opus «Quer durch Borneo» ausgeschnitten, ein zusammengefaltetes Bild, rückseitig von Erika Leupold mit «2 typische Dayaker von Binnen-Borneo» beschriftet. Die während Nieuwenhuis' Expeditionen in den letzten Jahren des 19. Jahrhunderts entstandene Aufnahme zeigt zwei Männer der Region des oberen Mahakam-Flusses. Einer zieht die Rinde von einem Baum ab, um die unter der äussersten Borkenschicht liegenden Bastfasern freizumachen, während der andere einen bereits abgetrennten Streifen Bast mit einem Holzschlegel weich klopft – zwei der wesentlichen Schritte in der Verarbeitung des Faserstoffes zur weiteren Verwendung als Kleidung, wie auch die Legende zur Aufnahme besagt. Die Präsenz dieses Bildes als eines der ganz wenigen nicht von ihm stammenden Fotos in den Unterlagen Leupolds belegt sein Interesse für dieses besondere Material, das auch durch eine bemerkenswerte Gruppe von aus Rindenbaststoff gefertigten Oberteilen bestätigt wird.

Die sechs Jacken, alle ärmellos, sind je aus einem Stück gearbeitet und zeichnen sich durch einen geraden Schnitt mit seitlichen Nähten aus. Gemeinsam ist ihnen ferner, dass die gesamte Oberfläche horizontal mit zueinander parallelen, schmükkenden Nähten versehen wurde. Diese sind im rechten Winkel zum Verlauf der Fasern gesetzt und dienen so auch der strukturierenden Stabilisierung und Verstärkung des Stoffes gegen Risse. Dieselbe Funktion dürfte auch die Einfassung der Ränder mit Festonstichen erfüllen. Die Nähte sind dabei so gearbeitet, dass von den Stichen auf der Rückseite des Stoffes nichts sichtbar ist.

Eine der Jacken ist aus dunklem Material gefertigt und, sieht man von der schmalen Einfassung der Kanten mit einem hellen Baumwollgewebe ab, von schlichter Einfachheit, während vier der Stücke, aus einem Rindenbaststoff hellerer Tonalität und von feiner Struktur, ästhetisch weit aufwendiger gestaltet wurden. Im Schulterbereich sind sie naturfarben belassen, im unteren Teil weisen sie alle dieselbe Abfolge an Musterungselementen auf: Nach einem ersten schmalen, rot gemalten Streifen kommt eine etwas breitere Stickerei im Webstich, je nach Stück ein Zickzack- oder Rautenmuster aus indigoblauem Zwirn, welche die Jacke zieren und zugleich wohl zusätzlich stabilisieren soll. Oberhalb des gestickten Bandes liegt eine wiederum in roter Farbe gemalte Partie, innerhalb der sich bei zwei der Jacken kunstvoll geschwungene Ornamente entfalten, abstrahierende Interpretationen des äusserst beliebten Drachenhund-Motivs, die auf die Kenyah als Hersteller verweisen. Die Konturen wurden freihändig auf den Stoff aufgetragen – die dunkle Strichzeichnung ist deutlich erkennbar – und der Hintergrund dann mit Farbe ausgefüllt, so dass das Motiv hell, gleichsam als Negativform erscheint. Auch die

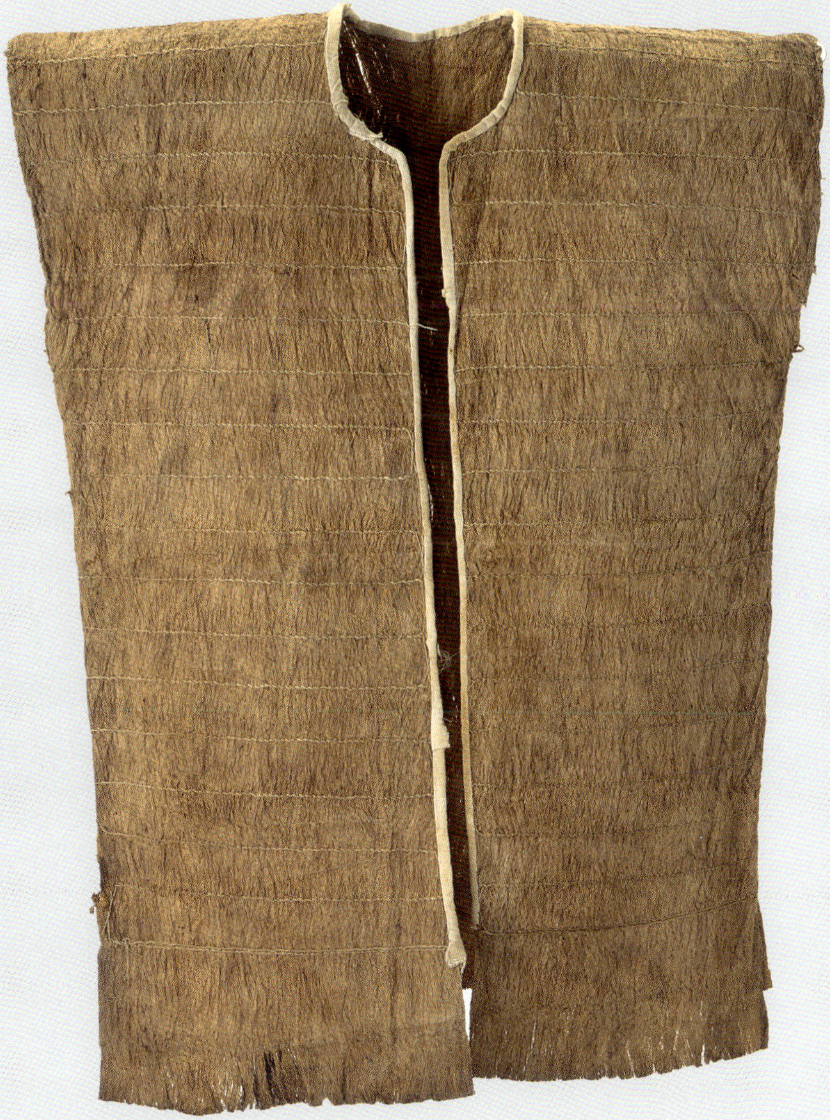

Rückseiten der Jacken sind jeweils bis zum Schulterbereich ähnlich gemustert. Die Unterkanten der Jacken wurden in zu den Fasern paralleler Richtung geschnitten und dann verzwirnt und verknotet, um ein Reissen des Randes zu verhindern. Die so entstandenen Fransen wurden wiederum rot eingefärbt.

Den vier Kenyah-Jacken motivisch verwandt, wenn auch beidseitig üppiger bemalt und mit mehreren blau gestickten Musterbahnen versehen, ist das letzte Stück der Sammlung. Dieses Oberteil hat allerdings keine Fransen und weist einen anderen Schnitt auf. Typologisch ist es mit Rindenbaststoffbekleidung gleichzusetzen, die in älteren Publikationen sehr allgemein als aus dem Bulungan-Gebiet stammend bezeichnet wurde. Diese liesse sich gemäss neuerer Forschung spezifischer einer in die Kayan-Fluss-Region migrierten Gruppe zuordnen, die in der Folge selbst als Kayan bekannt wurde.

Schmucklose offene Jacken, oft aus dunklem, gröberem Rindenbaststoff, gehörten in weiten Gebieten Borneos zur alltäglichen Arbeitskleidung der Bauern. Sie waren äusserst stabil und boten einen guten Schutz gegen Natur und Wetter. Aus Rindenbaststoff bestand auch das Hüfttuch, lange Zeit das wohl gebräuchlichste Kleidungsstück der Dayak-Völker und Punan, das auch auf zahlreichen Fotografien Leupolds zu sehen ist. Die verzierten Stücke aus hellerem, feinerem Rindenbaststoff hingegen, vor allem die mit Malerei ornamentierten, sind viel seltener. Ihre Herkunft lässt sich gesellschaftlich und geographisch – folgt man wiederum der jüngeren Forschung – genau bestimmen. Sie waren dem Adel vorbehalten und sollten in feierlichen Situationen traditionelle Statussymbole repräsentieren und zur Schau stellen. Die bei den hier besprochenen Jacken verwendeten Motive etwa wiesen die unteren Adelsschichten aus. Die bemalten Rindenbaststoffe dürften vor allem aus dem Gebiet des Bahau-Flusses stammen. Die Kenyah übernahmen hier eine Tradition von Ethnien, die vor ihnen diese Region besiedelt hatten.

Wolfgang Leupold reiste im Zuge seiner Forschungsexpeditionen, wie wir aus Bildaufnahmen und kartographischen Aufzeichnungen wissen, selbst auch zu diesem Nebenfluss des Kayan und könnte die besonderen, Ansehen und Prestige ausdrückenden Kleidungsstücke vielleicht – ähnlich den Ohrgehängen aus dem Schnabel des Nashornvogels – als kostbare Tauschgeschenke erhalten haben.

pvwg

Lit.: Nieuwenhuis 1907; Kooijman 1963; Tillema 1990; Sellato 2006
Inv.-Nrn.: 25671, 25673, 25669, 25674, 25670, 25672

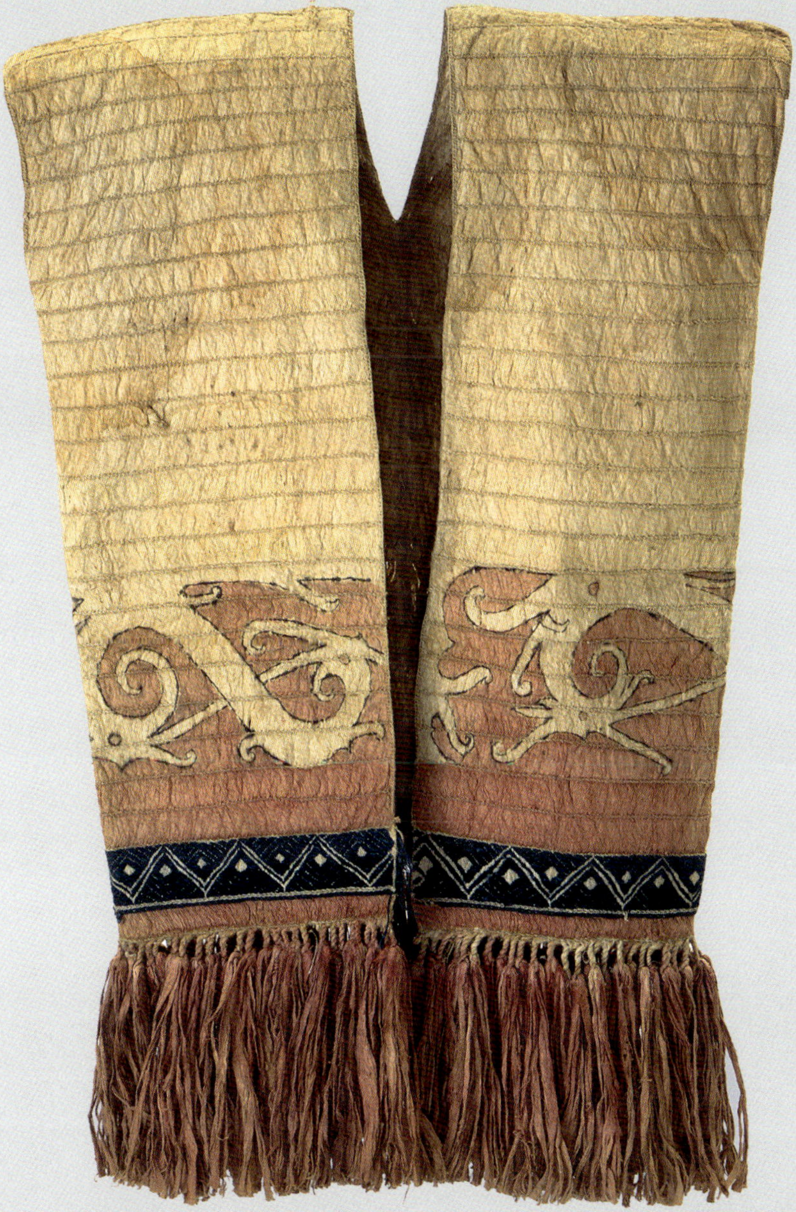

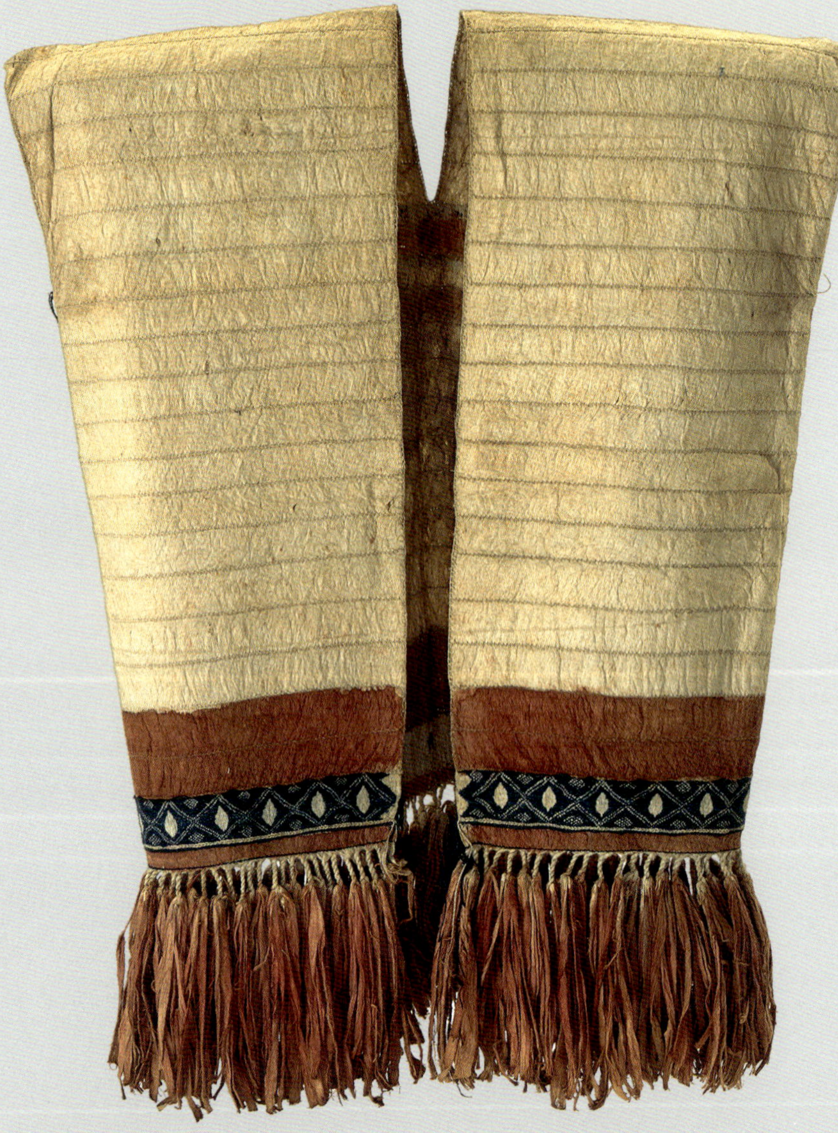

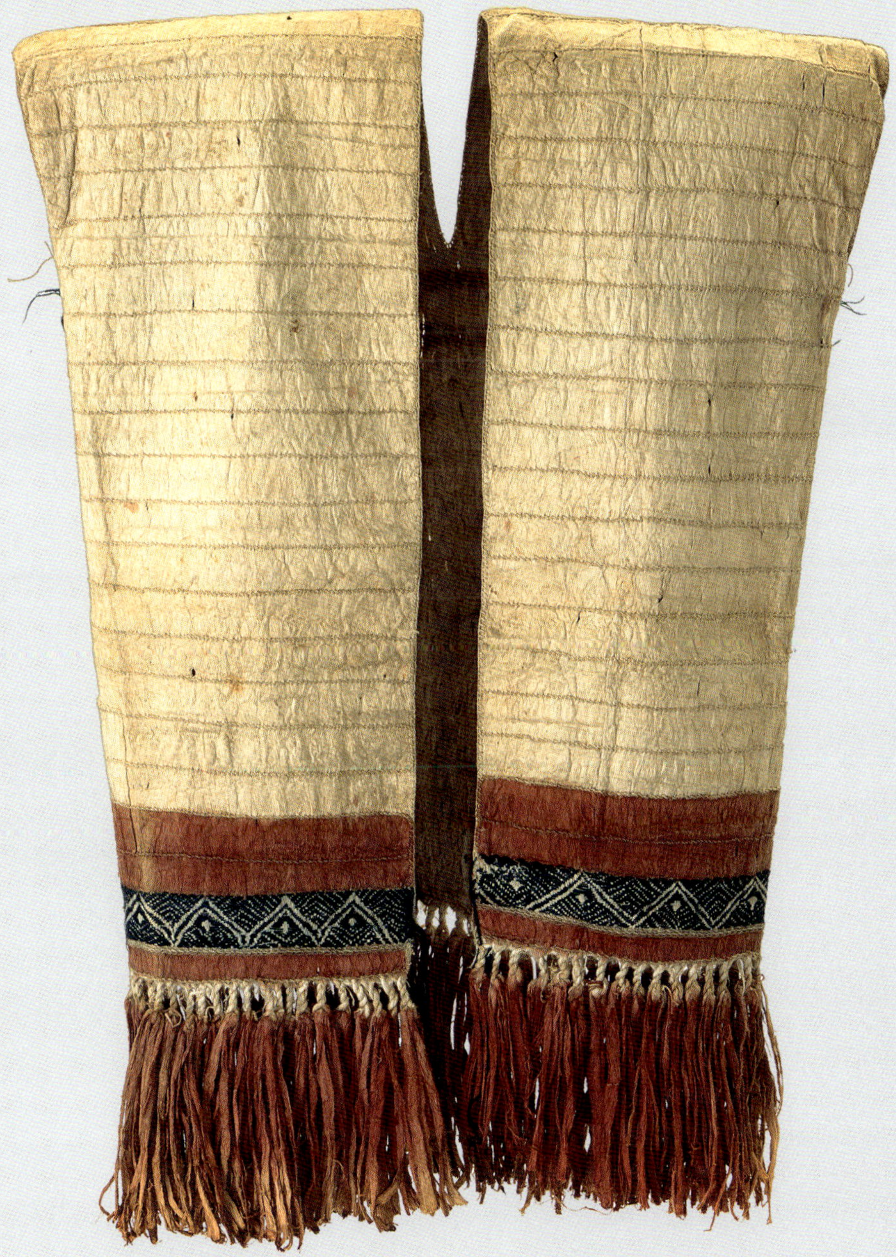

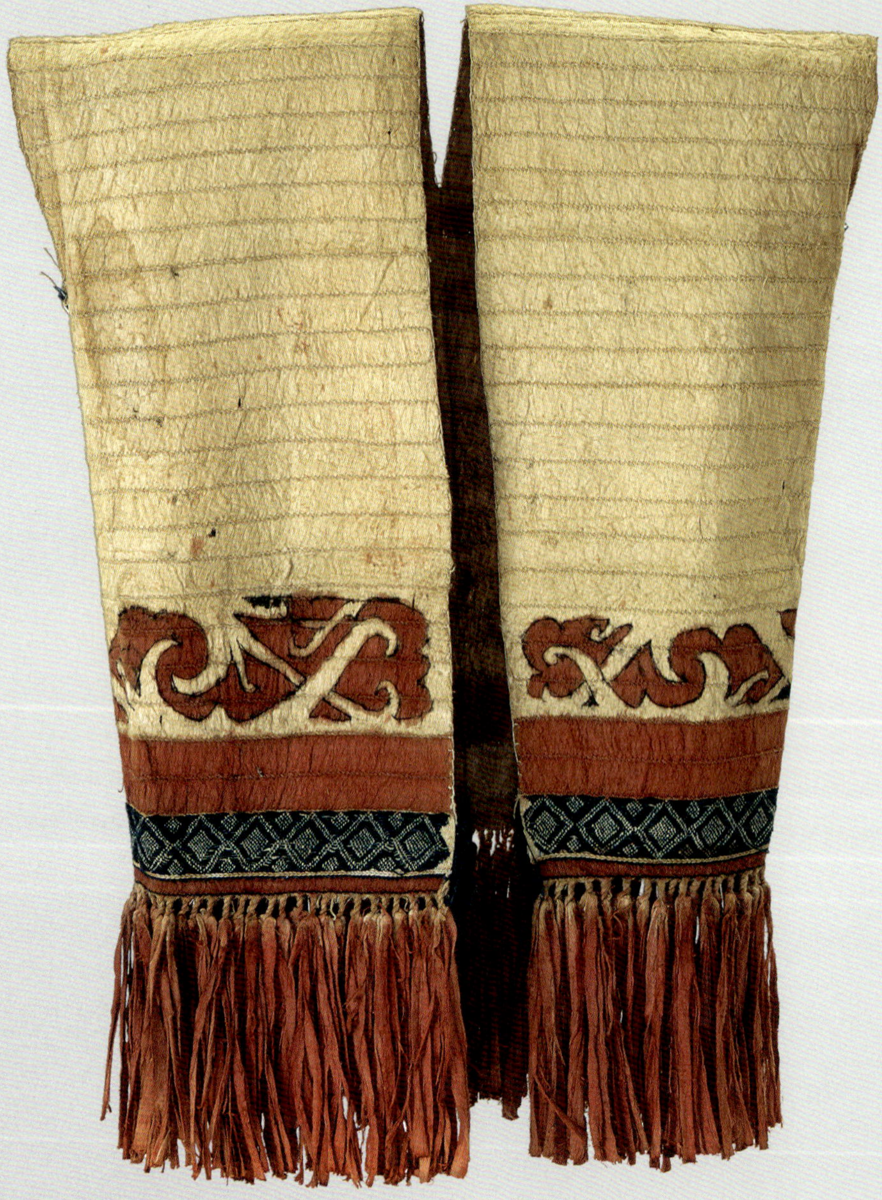

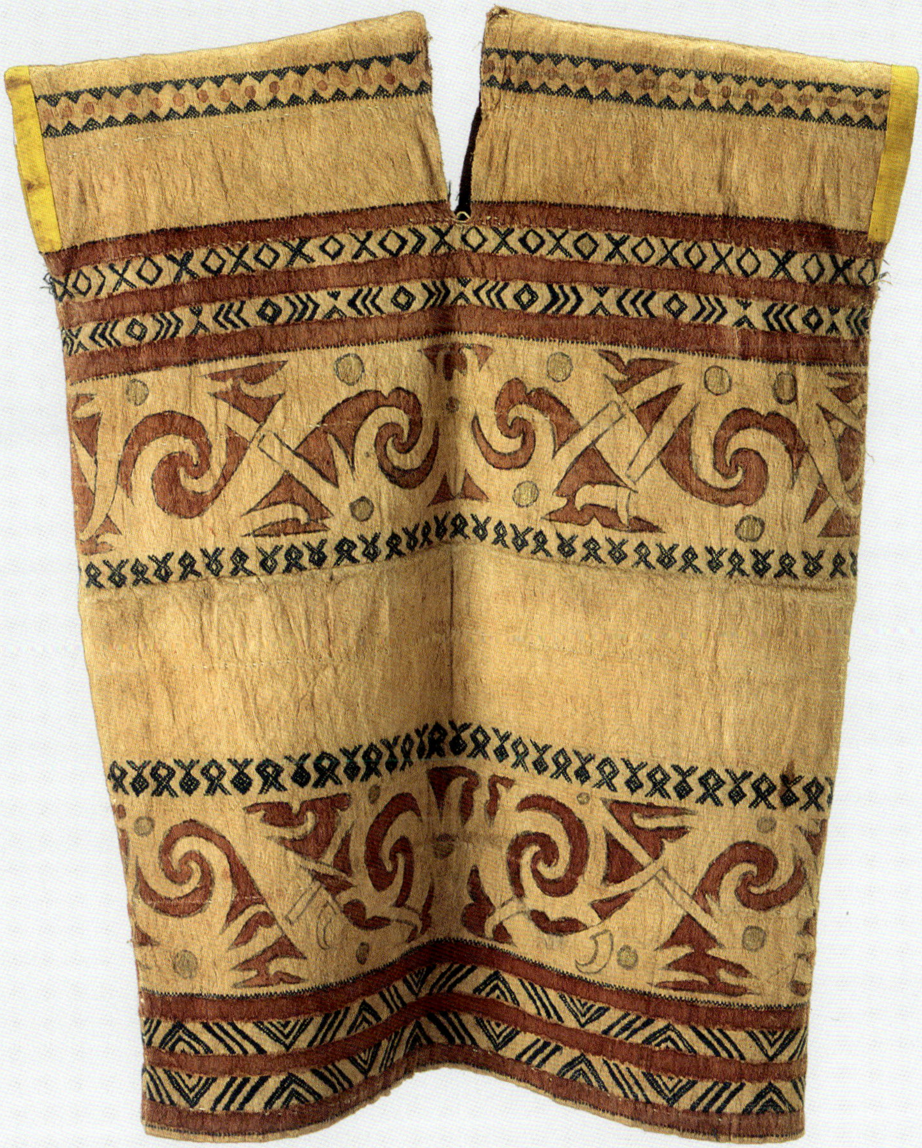

Kopfbedeckungen

«Ein älterer Mann, der sich von malayischen Händlern bereits ein gar nicht zu ihm passendes Kopftuch eingetauscht hat» – so kommentiert Wolfgang Leupold die äussere Erscheinung eines von ihm in der Gegend des Binai-Flusses im Sajan-Gebiet fotografierten Basap. Während Kopftücher, bisweilen batikgemustert, tatsächlich vornehmlich von Malaien getragen wurden und die nomadisierend im Wald lebenden Basap und Punan auf den Fotos des Schweizer Geologen sonst eher barhäuptig erscheinen, sind die Kayan und Kenyah an ihren runden, ausladenden Sonnenhüten oder an den geflochtenen Käppchen zu erkennen. Einige Exemplare dieser charakteristischen lokalen Kopfbedeckungen hat Leupold gesammelt und in die Schweiz zurückgebracht.

Die Käppchen dürften als zylinderförmige Diagonalgeflechte entstanden sein. Durch das Einarbeiten oder das vielleicht erst nachträgliche Einlegen von Schnüren parallel zum Arbeitsrand konnten die noch weichen Geflechte vermutlich der Kopfform und -grösse angepasst werden und wurden schliesslich umgestülpt. Raffiniert ist die flachreliefartige Wirkung der Ton-in-Ton gehaltenen Muster, die durch Variationen der Köper-Bindung erzeugt wird. Bei einigen Stücken wurden Anfang- oder Endteile des Geflechts mit grossem Geschick als ästhetisch gestaltende Elemente stehengelassen und arrangiert: Zwei Käppchen schmücken in der Mitte ein Fransenkranz und, auf einer Seite, zusätzlich eingezogene Zierfäden, bei einer anderen Kappe wurden die Flechtelemente so zusammengeführt, dass sie in der Mitte einen prächtigen Busch bilden. Auf einer von Leupolds Fotografien der vor dem Langhaus posierenden Makulit von Long Leju sind einige dieser Modelle wieder zu erkennen.

Schlichtere Beispiele der geflochtenen Käppchen sind auf verschiedenen weiteren Aufnahmen Leupolds zu sehen, so auf einem stimmungsvollen Bild, das als Teil einer ganzen Serie einen militärischen Proviantransport auf dem Kayan-Fluss dokumentiert. Einige der die Praus beladenden Männer tragen hingegen breite, flachkonisch geformte Hüte, die sie vor Sonne und Regen schützen sollen. Auch von diesem Typ haben sich zwei schöne Stücke in der Sammlung erhalten, ein Hut aus zusammengenähten Palmblättern gefertigt und mit Stoffapplikationen und Stickereien versehen, der zweite aus Rotang geflochten, mit einer mit blauen Glasperlen besetzten Spitze. Letzterer war, wie wiederum Fotos dokumentieren, in einem der Leupoldschen Wohnhäuser in Ost-Kalimantan an der Wand aufgehängt, zusammen mit einem Schild und einer Mundorgel, die ebenfalls aus ihrem ursprünglichen Entstehungs- und Verwendungszusammenhang losgelöst im europäischen Wohnkontext eine neue, dekorative Funktion erhielten.

pvwg

Lit.: Hose/McDougall 1912; Sellato 1989
Inv.-Nrn.: 25666, 25667, 25664, 25665, 25663, 25661, 25662

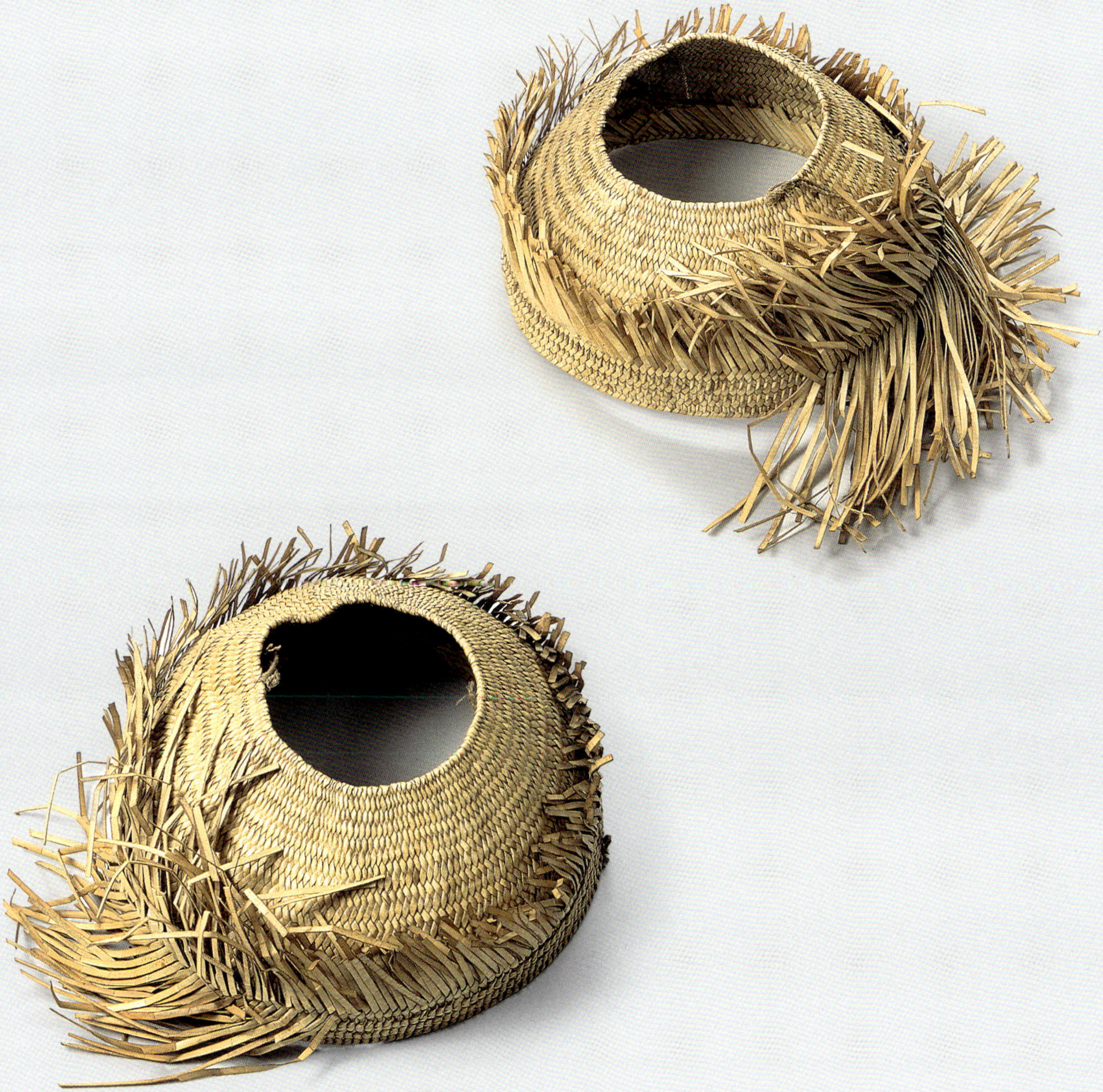

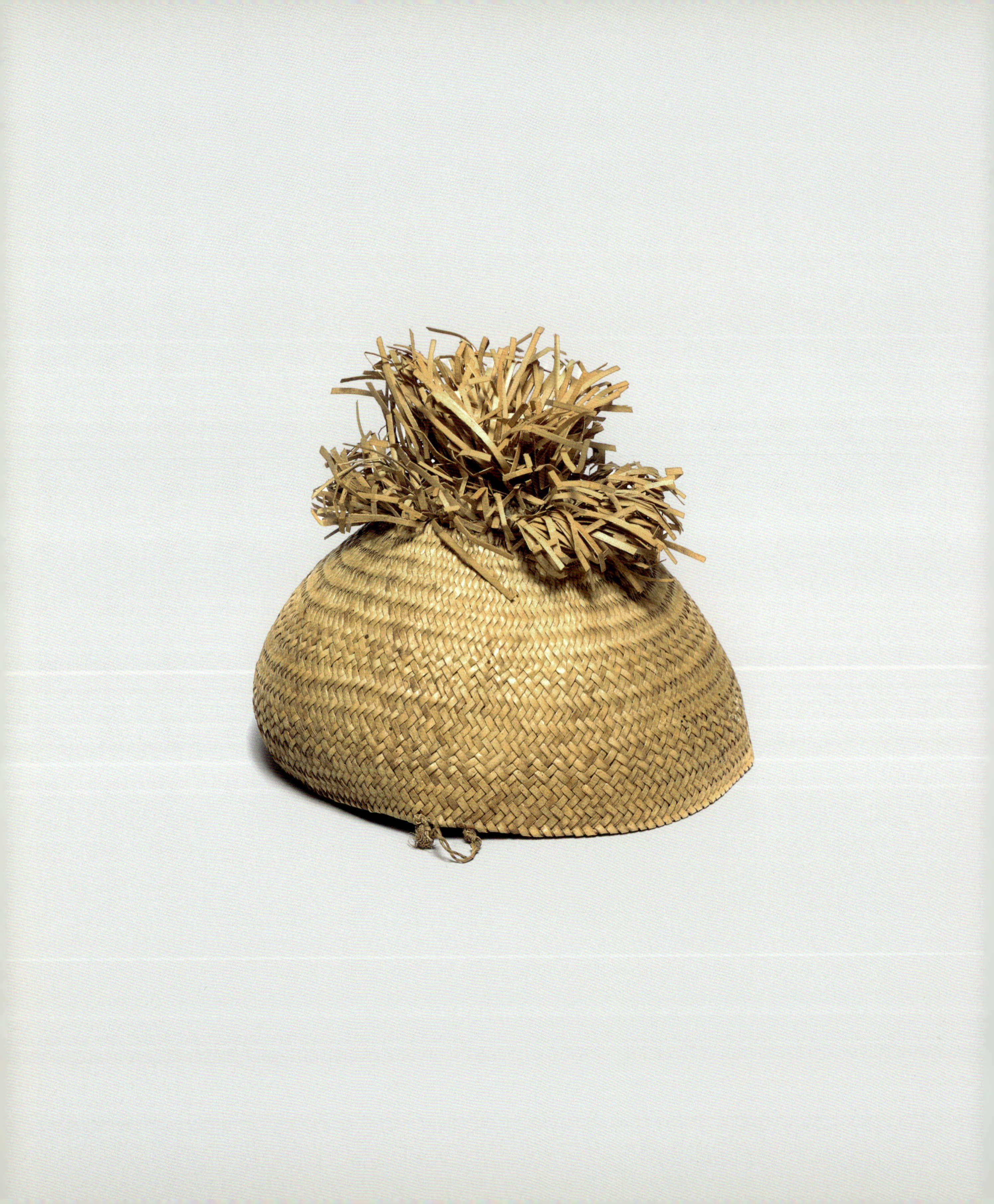

52. Im Dajakdorfe Long Ledju, einem der grössten Dörfer am S. Kajan (Boeloenganfluss), ca 50 km oberhalb Tdg. Seilor. Der Häuptling des Makulitstammes von Long Ledju, Amban Klisan im Kreise seiner Familie. Dieser König ist ein König von Natur, er überragt seine Dorfgenossen wirklich an Kraft und energischem Auftreten. Die Frauen tragen riesige Bündel Messingringe in den dadurch lang ausgezogenen Ohrläppchen; je vornehmer und reicher um so mehr.

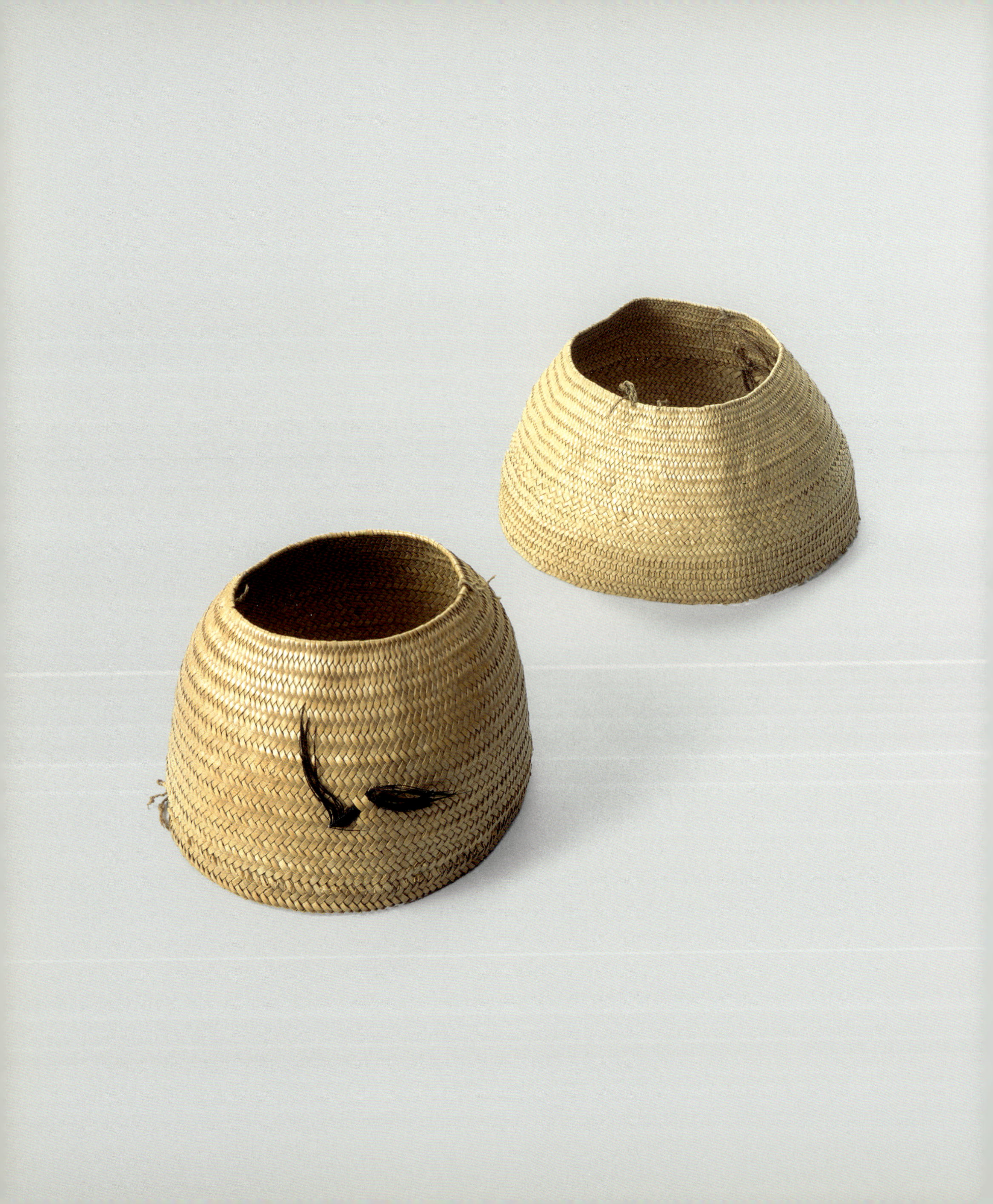

53. *Ein militärischer Proviantttransport auf der Abreise von Boeloengan nach dem 350 km flussaufwärts gelegenen Posten Long Nawang. Die dajakschen Ruderer beladen ihre Weidlig, unter Kontrolle eines Soldaten. In den vielen Kistchen befindet sich, eingelötet in ein Petroleumblech, immer je eine Traglast Reis oder andere Nahrungsmittel. 30–90 Tage wird der Transport auf dem Fluss unterwegs sein. Aufgenommen am Flussufer in Tanjong Seilor, Blick über den 500 m breiten Kajanfluss.*

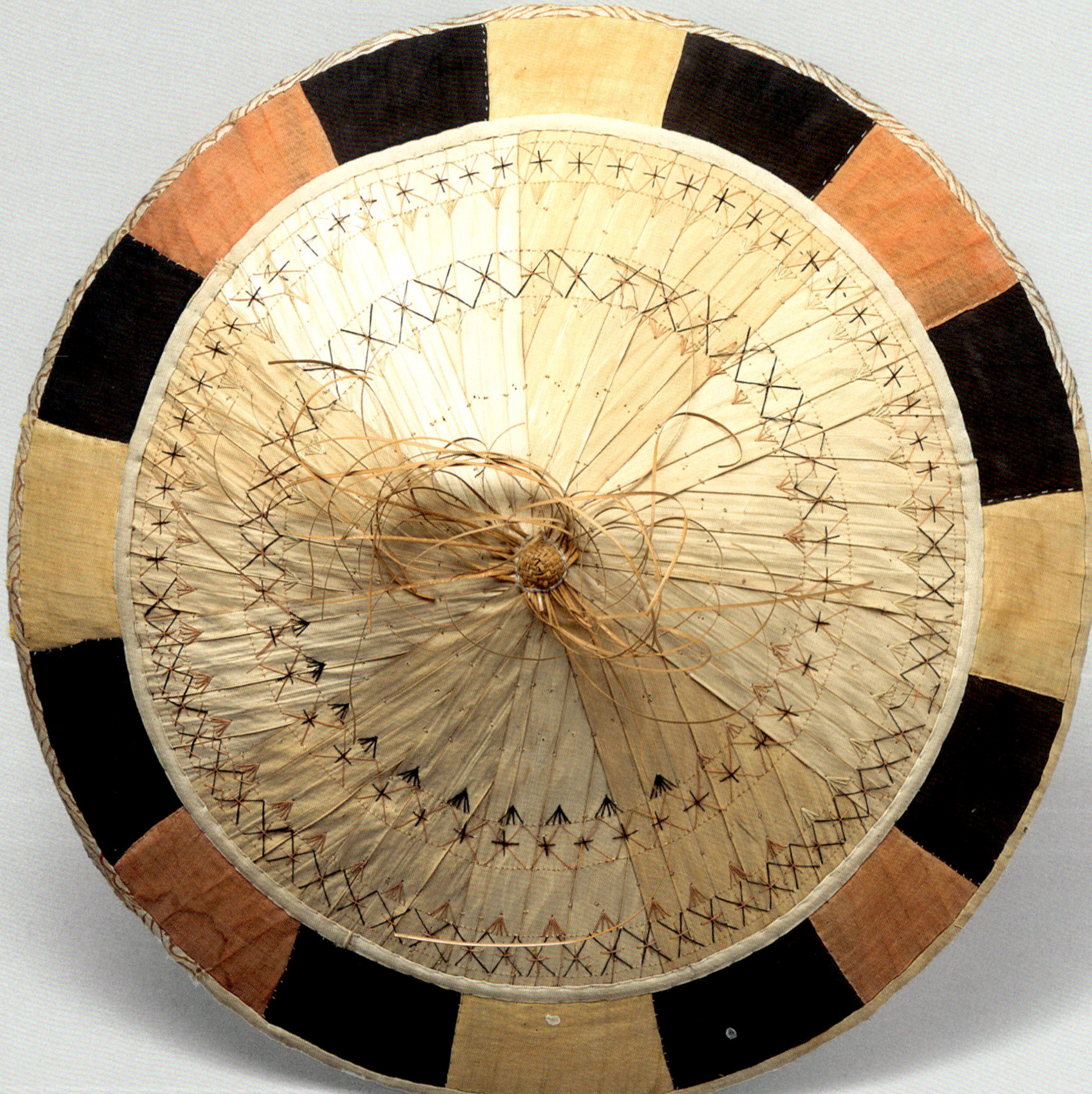

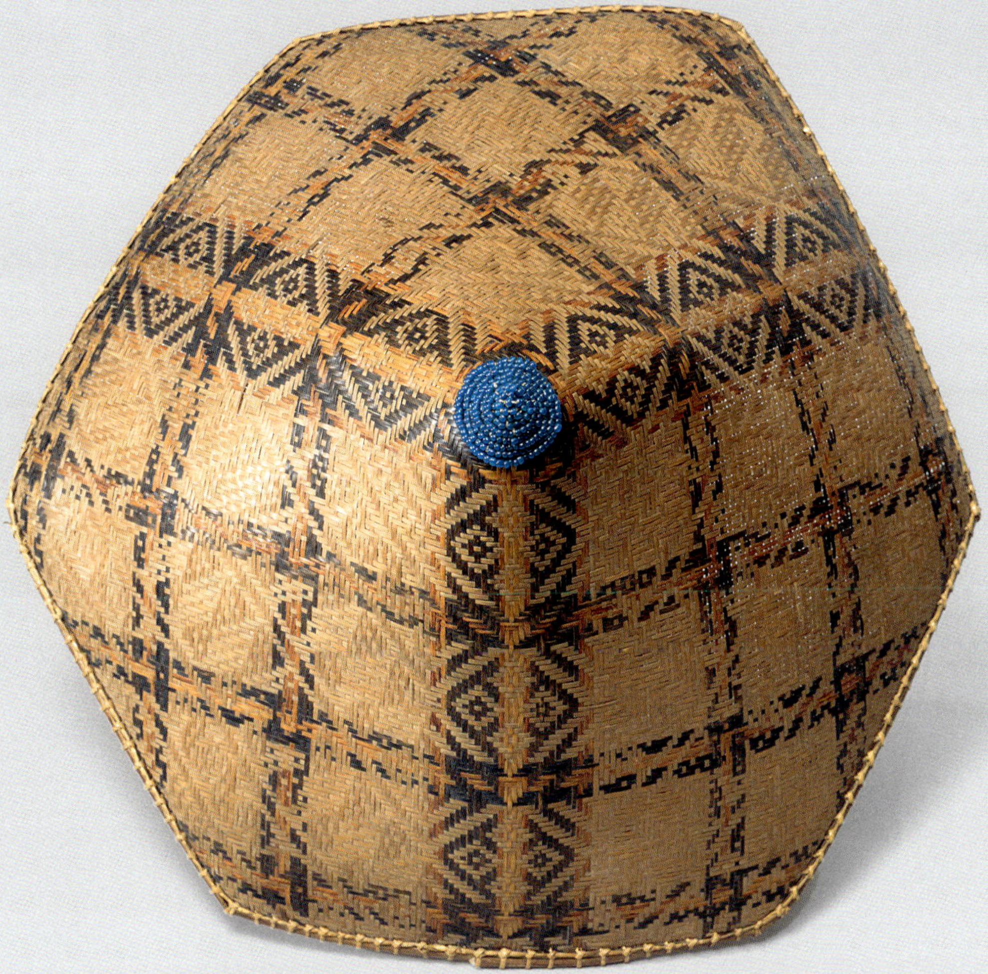

Laute

Auf einem wunderbar lichtvollen Bild Wolfgang Leupolds ist ein Lautenspieler auf einem Boot stehend fotografiert. Eine Laute ähnlich der, wie sie der junge Spieler auf dem Fluss im Arm hält, hat Wolfgang Leupold als Erinnerungsstück nach Europa mitgebracht. Solche schmalen Instrumente mit langem Hals werden allein oder in einer Gruppe gespielt. Ihre angenehmen, rhythmischen und von Wiederholungen geprägten Tonfolgen begleiten Tänze und Rituale, werden aber auch zur Entspannung und zum persönlichen Vergnügen zum Klingen gebracht. Im Laufe der Zeit hat sich das Musikinstrument zu einer mehrsaitigen und anspruchsvoller zu spielenden Laute entwickelt, die sich auch heute auf ganz Borneo grosser Beliebtheit erfreut.

In der Fachliteratur wird dieses Instrument, mit einheimischem Namen *sape*, auch Bootslaute genannt – nicht, weil es vorwiegend auf Booten gespielt würde, sondern weil es auf seiner Unterseite wie eine Einbaum-Prau ausgehöhlt ist. Dieser Schallraum verstärkt den Klang der beiden Saiten, die mit Daumen und Zeigfinger gezupft oder mit einem Holzplättchen angespielt werden. Frühe Beschreibungen erwähnen Saiten aus einzelnen oder verzwirnten dünnen Rotangstreifen, später werden von den Instrumentenbauern Saiten aus Darm oder, wie bei Leupolds Stück, aus Metalldraht und, sobald vorhanden, auch Nylon bevorzugt. Die eine der beiden Saiten wird rhythmusgebend auf ihrem Grundton angeschlagen, mit der anderen wird die Melodie gespielt. Verschiebbare Stege auf dem Griffbrett legen die Tonschritte fest. Das von Wolfgang Leupold erworbene Stück ist sehr schlicht bemalt und wenig verziert. Das ganze Instrument vom Klangkörper bis zum einfach geschnitzten Hundekopf als Halsabschluss besteht aus einem einzigen Stück von weichem, leichtem Holz; einzig bei der Melodiesaite dieses Instrumentes war ein Griffbrett aus einem anderen Stück Holz eingepasst, das herausgefallen sein muss. Für das eingesetzte Griffbrettstück wurde wohl ein dafür geeigneteres härteres Material verwendet.

Gerade die Einfachheit dieses Instrumentes, seines Klangs und seiner Spielweise mag Wolfgang Leupold zum grossartig stimmungsvollen Bild des *sape*-Spielers auf dem Fluss inspiriert haben, welches mit anderen seiner Landschaftsaufnahmen korrespondiert. Diese lassen auch uns an seinem poetisch-musikalischen Blick auf die von ihm so intensiv untersuchte und beschriebene Landschaft teilnehmen, deren dahinfliessende Schichten und markanten Brüche er liebte.

ai

Lit.: Roth 1896; Grabowsky 1905; Sachs 1923; Frame 1982; Matusky 1985 und 1998
Inv.-Nr.: 25766

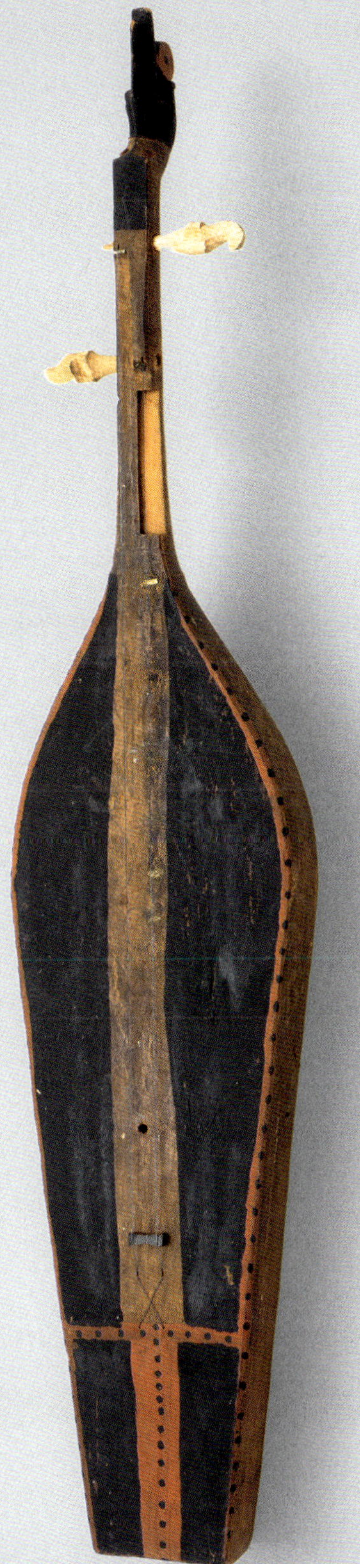

54. Am Kayan-Fluss in Tanjung Selor

55. Lautenspieler auf dem Kayan-Fluss

Mundorgel

Gut bestückt mit gern gespielten europäischen Musikinstrumenten – einem Klavier, einer Klarinette und einer Handorgel – hat Wolfgang Leupold im fernen Borneo auch zwei einheimische Mundorgeln der Dayak besessen, deren eine auf einer Fotografie an der Wand hängend zu sehen ist. Die Mundorgel, das traditionelle Musikinstrument der Dayak par excellence, ist zusammengesetzt aus der harten Schale eines Kürbis mit einem gebogenen Stil, der als Mundstück dient, und einigen, bei Leupolds Stück sechs, in eine grosse Öffnung des Kürbisbauches eingesetzten Stangen aus einem Rohrgewächs. Um die Rohre absolut luftdicht in den Kürbis einzusetzen, wird Guttapercha verwendet, der eingedickte Saft bestimmter Gummibaumarten, eines der begehrten Urwaldprodukte, die vorwiegend von Punan-Gruppen eingesammelt, verarbeitet und verkauft wurden.

Durch Luftdruck und -strom in Vibration versetzte Zungenblättchen an der im Kürbis eingepackten Unterseite der Stangen bringen diese zum Tönen. Die etwa 1 mm breiten und 2 cm langen Zungen sind je direkt aus dem Rohr ausgeschnitten und zu einem dünnen Blättchen geschliffen, das an seiner frei beweglichen Seite noch mit einem kleinen Stück Wachs oder Guttapercha schwerer gemacht wird. Ein je am unteren Teil der Röhren angebrachtes Fingerloch erlaubt es, einzelne dieser Rohre anzuspielen: Bleibt es offen, erklingt diese Stange nicht, wird es zugehalten, kann ein Ton entstehen, und zwar sowohl beim Ausstossen als auch beim Einsaugen von Luft, da die Plättchen beidseitig frei schwingen. Ein Resonanzkörper auf dem längsten Rohr dient der Verstärkung des als Bordun stets mitklingenden tiefsten Tones. Die Grifflöcher an allen anderen Rohren lassen den Spieler die Stangen, die tönen sollen, auswählen und somit auf seinem Instrument Melodien und Akkorde spielen. Bei solchen Mundorgeln aus Borneo wurde eine pentatonische Stimmung festgestellt, und es ergeben sich nicht nur in bezug auf Form und Prinzip, sondern auch vom Tonsystem her verwandtschaftliche Bezüge zu ähnlich aufgebauten Musikinstrumenten aus China und Hinterindien.

Eine gut tönende Mundorgel herzustellen, braucht grosses Geschick und einige Erfahrung. Traditionell spielen Männer und Knaben dieses Instrument, sei es in privatem Rahmen oder zur Begleitung von Tänzen und Ritualen. Der leise, etwas nasal klingende weiche Ton einer Dayak-Mundorgel verzaubert alle, die ihn hören. Ob das Stück an der Wohnzimmerwand nur zum Schmuck diente oder von Wolfgang Leupold oder einheimischen Gästen auch gespielt wurde, wissen wir nicht.

ai

Lit.: Hein 1890; Roth 1896; Grabowsky 1905; Sachs 1923; Frame 1982; Matusky 1985 und 1998
Inv.-Nr.: 25707

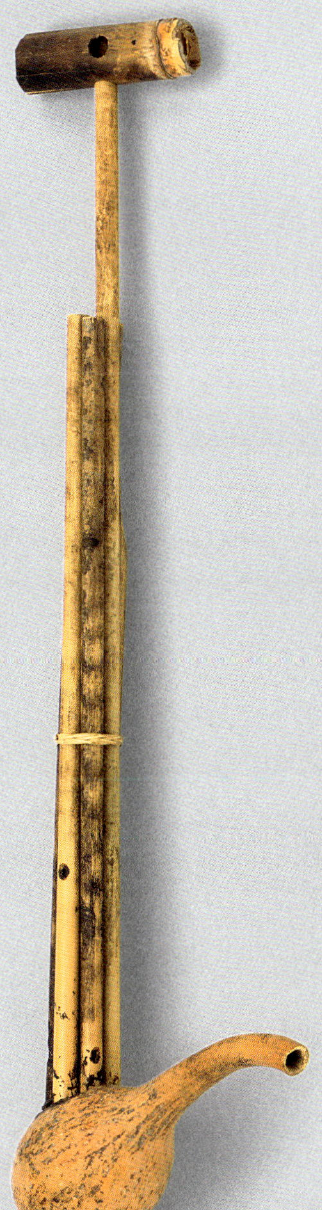

Reisbehälter

Innerhalb der Reiskultur, die den Lebens- und Jahreszyklus der Dayak-Völker bestimmte, kam eine Vielzahl von meist aus Rotang gefertigten Geflechten unterschiedlicher Form und Funktion zum Einsatz, neben Speisekörben, Flachkörben zum Worfeln des Reises und etlichen weiteren Typen auch verschliessbare Behälter zum Aufbewahren des Reises, wie sie in zwei Exemplaren in der Sammlung Leupold vertreten sind. Nicht nur hinsichtlich ihres Fassungsvermögens unterscheiden sich die beiden als Diagonalgeflechte gearbeiteten Stücke, sondern ebenso in der Art und Komplexität ihrer Gestaltung. Der kleinere Behälter, dessen Verschluss sich nicht erhalten hat, ist naturfarben und mit wenigen, sich im rechten Winkel kreuzenden und Quadrate bildenden schwarzen Streifen gemustert, den grösseren, ungefähr 45 cm hohen, zieren hingegen schmalere und breitere Bänder hell-dunkel rhythmisierter geometrischer Elemente.

In den Erinnerungen Erika Leupolds, die die beiden Behälter vielleicht auch in ihrem Haushalt verwendet haben mag, finden sich immer wieder Bemerkungen zum Essen, namentlich auch auf den Reis bezogen, den die junge Schweizer Frau als monoton wiederkehrende Speise erlebte und zugleich doch auch, beispielsweise in der *rijsttafel*, als dem Klima und der Umgebung angepasste adäquate Form der Ernährung einschätzte.

Wolfgang Leupold seinerseits dokumentierte in einer Folge von Aufnahmen das durch den Trockenreisanbau geprägte Landschaftsbild: Das geschlagene und später verbrannte Unterholz liefert einen guten Dünger für die Reissaat; einige Bäume und Baumstrünke lässt man stehen, als Schattenspender, nicht zuletzt aber wegen ihrer Wurzelsysteme, die den Boden stabilisieren und ein Wegschwemmen der dünnen Humusschicht bei heftigen Regenfällen verhindern sollen. Auch einen Teil der gefällten Baumstämme lässt man aus demselben Grund auf den Feldern liegen.

Neben Fernaufnahmen wie der hier gezeigten hat Leupold auch die Leute der Gegend bei ihren verschiedenen Beschäftigungen fotografisch festgehalten. Ein Bild von drei Mädchen hat seine Frau rückseitig mit einem kurzen Kommentar – «Angehende Jungfrauen. Inländerinnen beim Reisstampfen» – versehen, leider die einzige Bemerkung zu dieser spannenden Reihe von Fotos, die sich örtlich nicht mehr genauer festmachen lassen. Eine der Aufnahmen zeigt neben Kindern, die sich vor der Sonne unter das breite Dach geflüchtet haben, einige jener offenen runden Körbe mit quadratischer Basis, die für die Reisernte verwendet wurden; einen solchen, in hell-dunklen Karo-Variationen gestaltet, brachten die Leupolds auch aus Niederländisch-Indien zurück in die Schweiz.

pvwg

Lit.: Bock 1882; Hose/McDougall 1912; Janowski 2003
Inv.-Nrn.: 25652, 25659, 25651

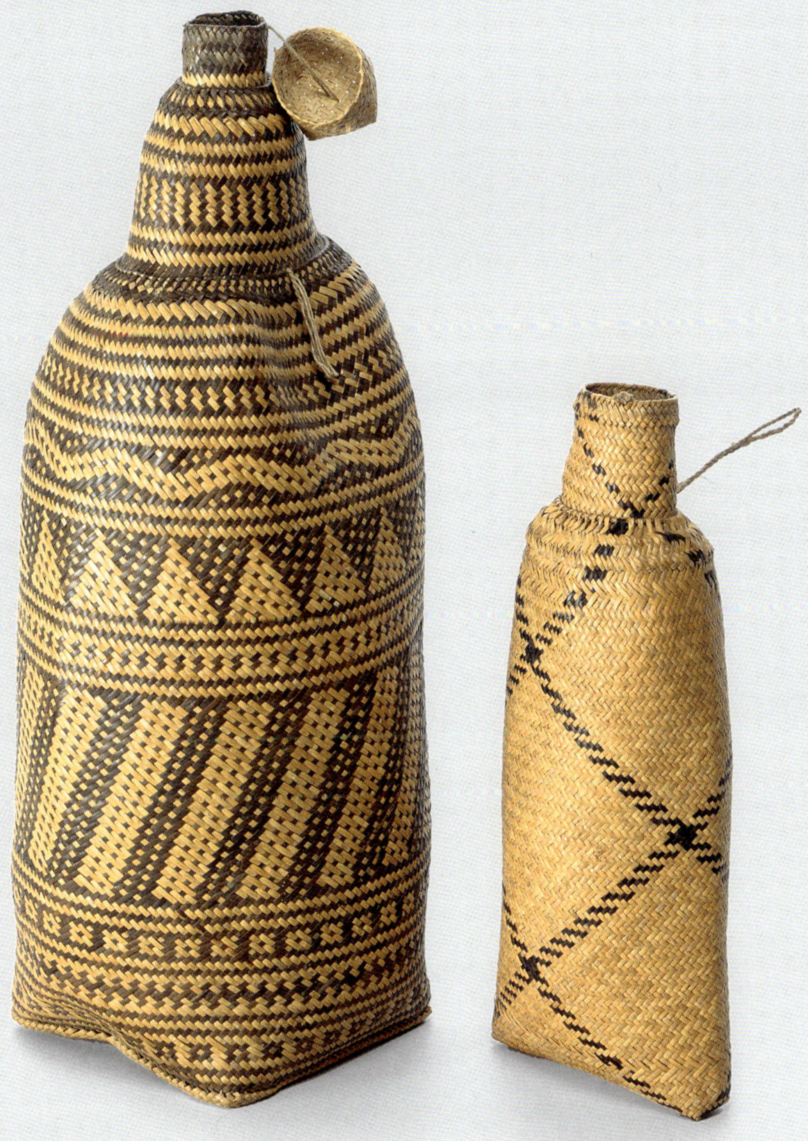

56. Trockenreisfeld im Inland Ost-Kalimantans

57. Mädchen beim Reisstampfen

58. Dayak in einem Reisanbaugebiet

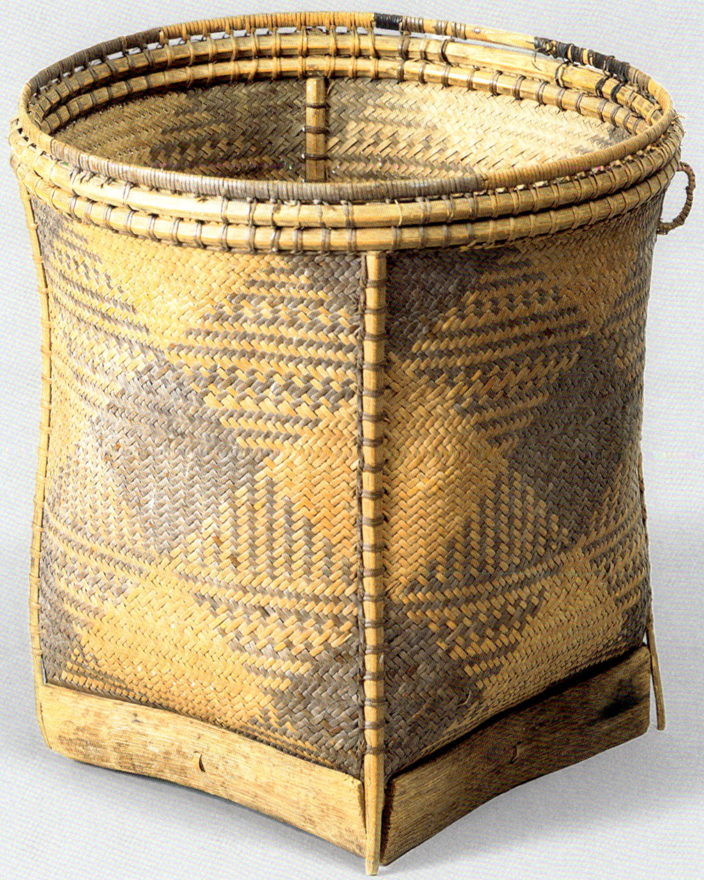

Tragekörbe

Zu den praktischen, in weiten Teilen Borneos verwendeten Dingen des Alltags gehören zylindrische Körbe mit Schultertragriemen. Als widerstandsfähige, verschliessbare Transportmittel durch die unwegsame Natur dienen sie der sicheren Aufbewahrung der eigenen Habe. Sie sind aus dem geschmeidigen und dauerhaften Rotang geflochten, einem vielseitig eingesetzten Material, das hier in Form gleichmässig fein gespaltener Streifen verwendet wird. Die regional variierenden spezifischen Bezeichnungen dieses Korbtyps benennen nicht nur die Funktion, sondern auch den Grad der ästhetischen Ausgestaltung, wobei klar zwischen einfachen und gemusterten Geflechten unterschieden wird. Die Herstellung solcher Körbe, vor allem der aufwendig ornamentierten Stücke, galt als Spezialität der nomadisierend lebenden Punan, die ihre Produkte dann mit Dayak-Völkern gegen andere Waren eintauschten.

Vier der Körbe der Sammlung Leupold sind als Diagonalgeflechte in einer dichten Köperbindung gearbeitet, deren subtile Variationen eine reliefartige Wirkung der Struktur erzeugen. Optisch auffälliger ist allerdings die aus einer Kombination von naturfarben belassenem und schwarz eingefärbtem Rotang sich ergebende Gestaltung. Der natürliche Oberflächenglanz der hellen Streifen kontrastiert und harmoniert dabei zugleich mit den dunklen Partien, deren Färbung durch die Behandlung der Fasern mit dem Saft einer tanninhaltigen Pflanze und ihrem nachträglichen Eingraben in morastiger, eisenhaltiger Flusserde bewerkstelligt wird. Eine grosse Vielfalt an kleineren und grösseren Ornamenten ziert die Tragekörbe – Dreiecke, Rauten, Mäander, Sternblumen –, verschiedene Motive, die alle als Repräsentationsformen von Reispflanzen und anderer vegetabiler Fruchtbarkeitssymbole gedeutet werden. Drei weitere Körbe sind in Leinwandbindung gearbeitet; der eine licht- und luftdurchlässig und ganz filigran in seiner Erscheinung, die anderen beiden locker geflochten, mit einfachen, durch die Überkreuzung schmaler, dunkel gefärbter Streifen im rechten Winkel sich ergebenden Quadratmustern.

Die kunstvoll ornamentierten Tragekörbe mit Schulterriemen haben sich im Verlauf des 20. Jahrhunderts zu einem beliebten ethnographischen Mitbringsel entwickelt, das auch ausserhalb Borneos, von Bali bis Singapur, erstanden werden kann. Wolfgang Leupold mag die schönen Köpergeflechte noch direkt von ihren Herstellern erhalten haben, bewegte er sich doch im Rahmen seiner geologischen Erkundungen auch in Punan-Gebiet. Ebenso gut könnte er die Körbe allerdings auch bei einem lokalen chinesischen Händler erworben haben.

pvwg

Lit.: Nieuwenhuis 1907; Hose/Mc Dougall 1912; Sellato 1989; Tillema 1990; Janowski 2003
Inv.-Nrn.: 25653, 25649, 25657, 25658, 25654, 25656, 25648

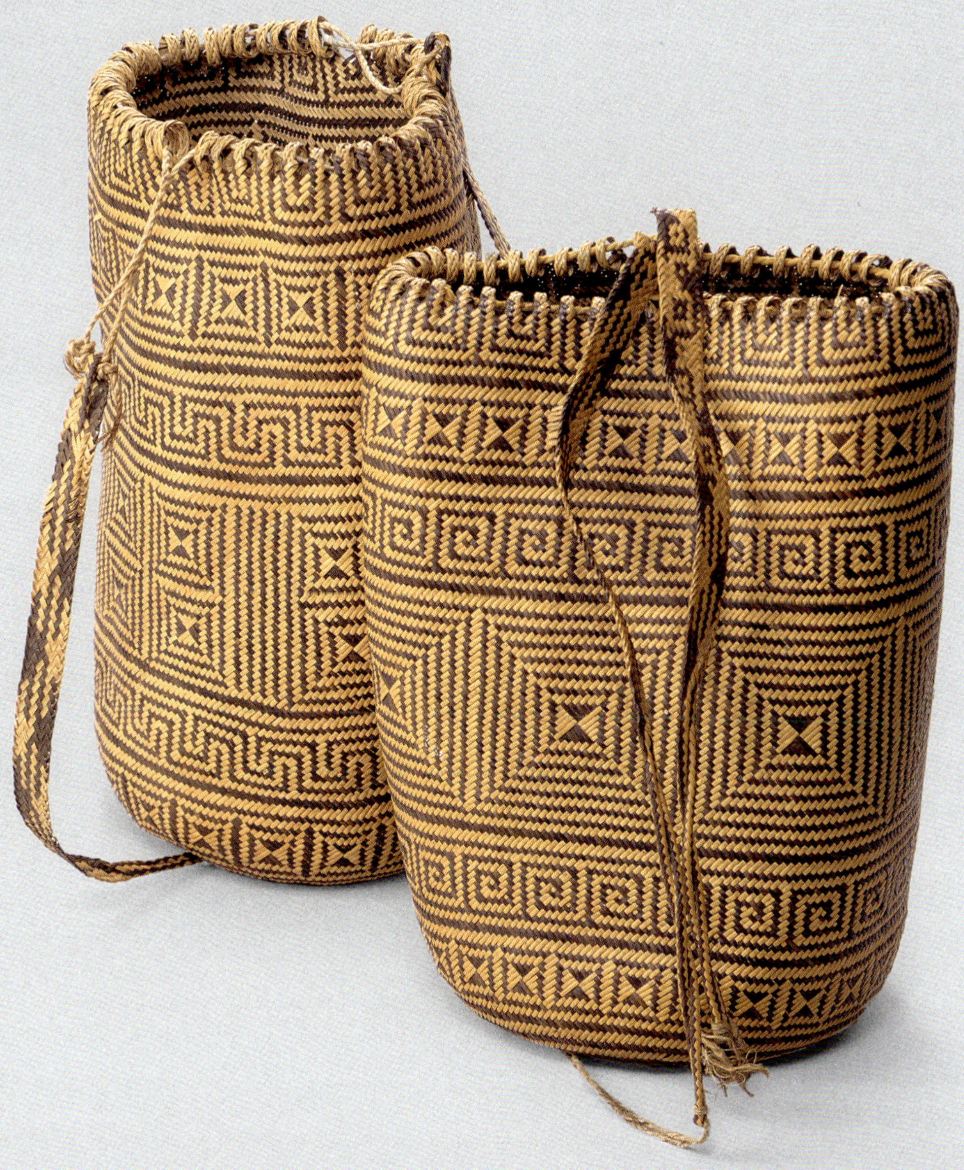

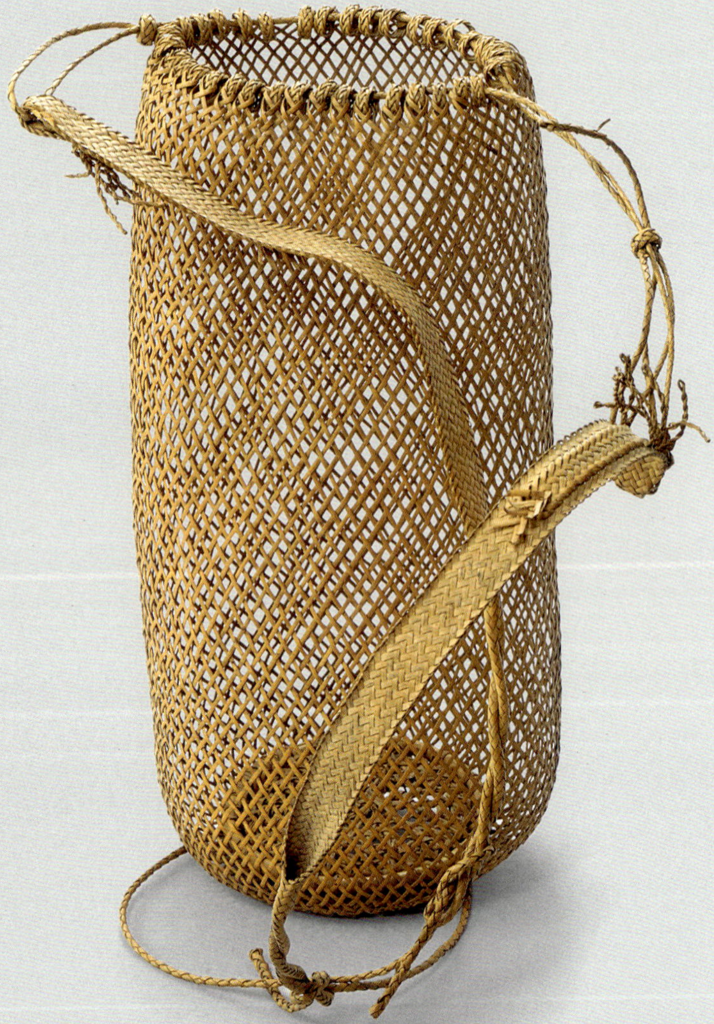

59. Inländische Dayak, geflochtene Rucksäcke tragend

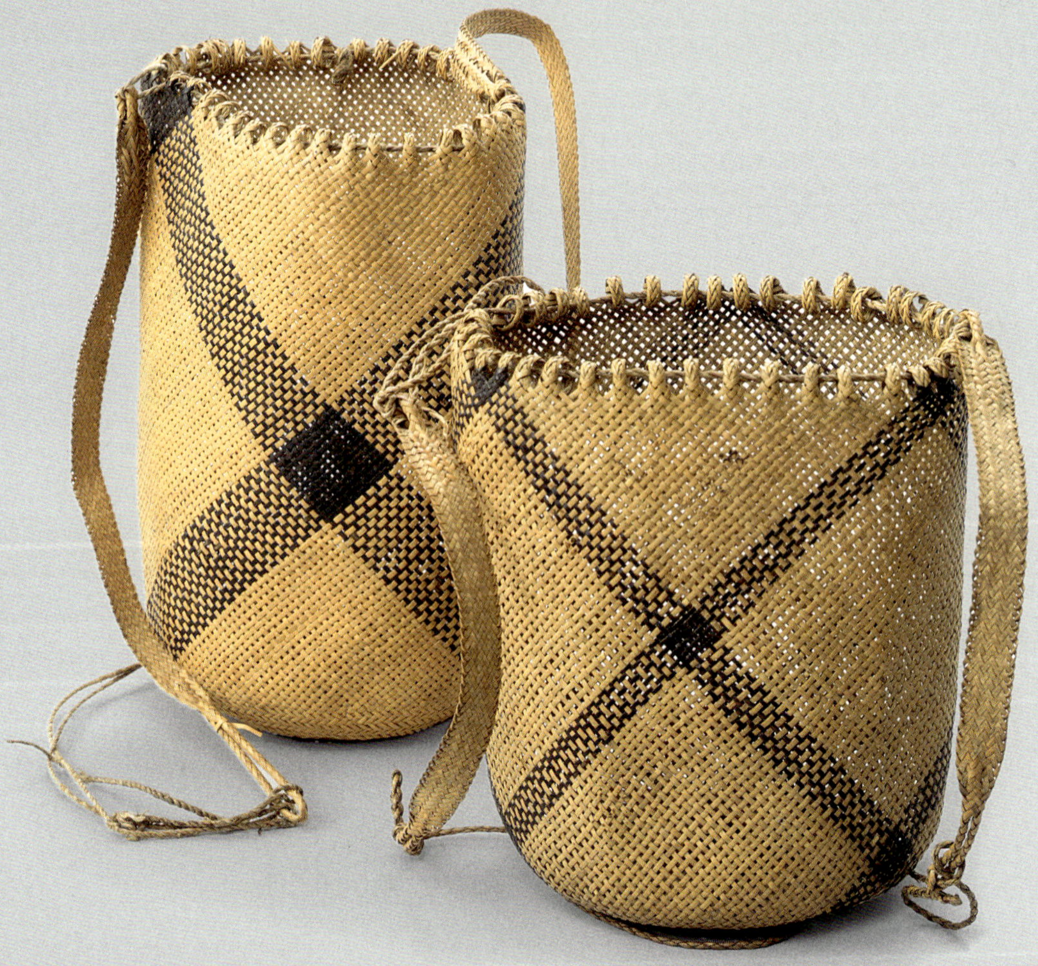

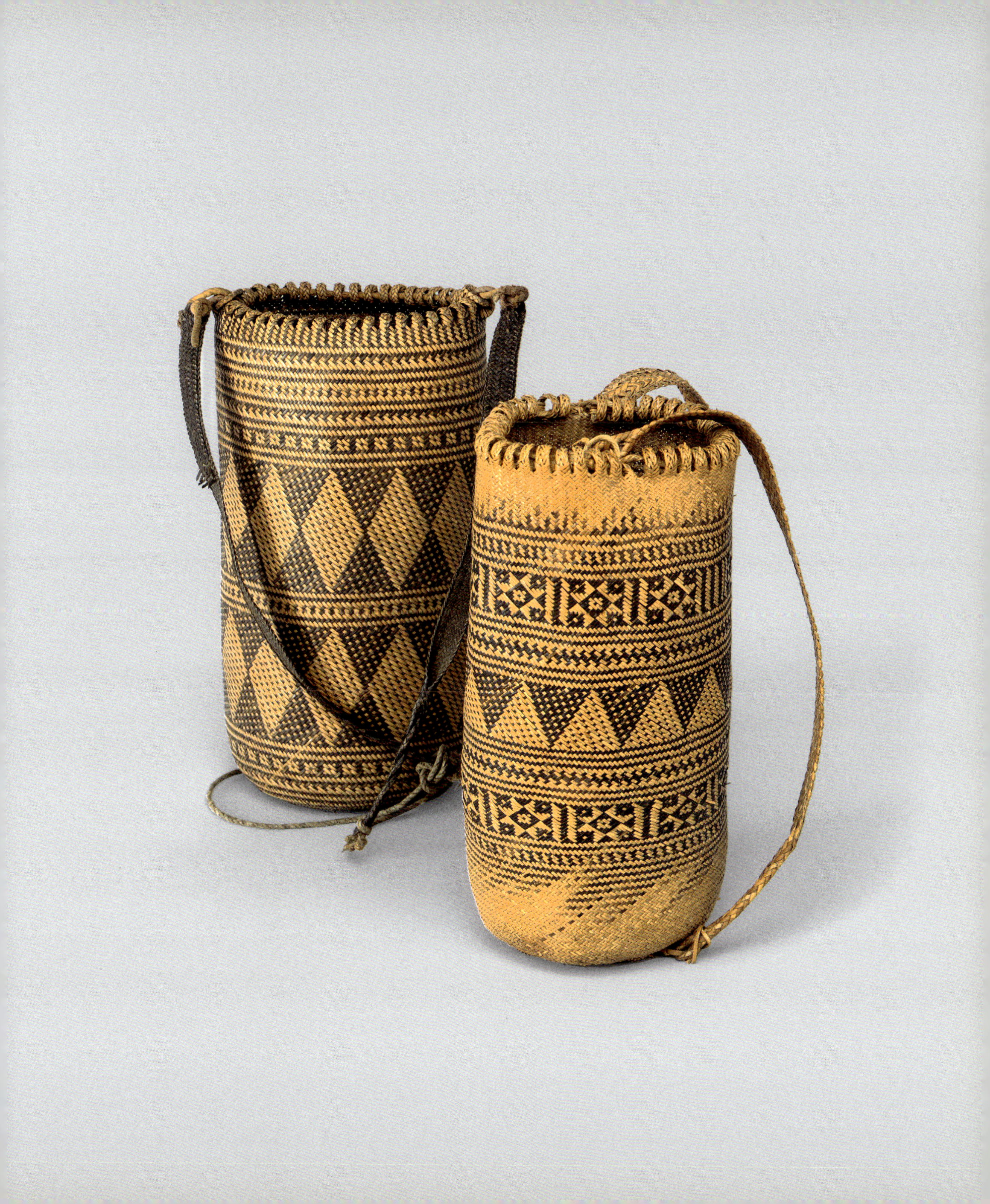

Blasrohre und Speere

Seine geologischen Expeditionen führten Wolfgang Leupold im Sajan-Gebiet des Bulungan-Distriktes und auch weiter südlich, im Zuge von Erkundungen am Makam-Fluss im Berau-Distrikt, in zum Teil schwer zugängliche Regionen des Regenwaldes. Dabei begegnete er, wie eine Reihe von ausführlich beschrifteten Bildern belegt, verschiedenen Gruppen von Punan und Basap. Auf der Rückseite einer im südlichen Bulungan-Distrikt aufgenommenen, hier gezeigten Fotografie beschrieb er deren Lebensweise wie folgt: «[...] Familienhorden von wenigen Mann im Walde nomadisierender Dajaks primitivster Kultur, noch vollkommen auf dem Sammelstadium der Kultur, von Waldfrüchten und Jagd mit Speer und Blasrohr lebend.» Eine weitere Aufnahme, die zweite der abgebildeten, zeigt einen «Punan vom Kelei im Oberlauf eines Zuflusses des Makam, Berouw» und wurde von Leupold vor allem hinsichtlich der Jagdausrüstung des Mannes kommentiert: «Links trägt er das Buschmesser, rechts den Bambusköcher für vergiftete Pfeile, in der Hand das Blasrohr, das zugleich Lanze ist.»

Blasrohr und Speer, die charakteristischen Jagdwaffen der Indigenen Ost-Kalimantans, erschienen den europäischen Beobachtern einerseits – das kann man auch Leupolds erst zitiertem Kommentar entnehmen – als urtümlich einfache Instrumente. Andererseits zeugen die an Einzelheiten reichen Beschreibungen zum Blasrohr in vielen klassischen Werken zu Borneo, etwa in den Bänden Nieuwenhuis', auch von einer grossen Bewunderung für die beachtliche technische Leistung, welche die Herstellung der ungefähr zwei Meter langen Vorrichtung darstellte, mit der die vergifteten Pfeile bei Windstille über 50 Meter weit präzis geschossen werden konnten. Das Blasrohr ist aus einem geraden Stück Hartholz gearbeitet, das mit einem langen Eisen langsam durchbohrt und in der Folge zunächst mit Bambusstücken, danach mit Kieselsäurekristalle enthaltenden Blättern sorgfältig geglättet wird, um die erforderliche Gleichmässigkeit des Schusskanals zu erreichen. Auch die Geschicklichkeit, namentlich der Punan, in der Handhabung des Blasrohrs ist immer wieder Gegenstand der angestellten Betrachtungen, ebenso dessen Eignung als lautlose, wirkungsvolle Waffe für die Jagd im Wald. Leupolds kurzer Kommentar zur Ausrüstung des Punan aus dem Berau-Distrikt könnte in ähnlichem Sinne, als wertschätzendes Interesse für das multifunktional einsetzbare Instrument, gelesen werden. Ein dem auf dem Foto erkennbaren Blasrohr mit Speeraufsatz entsprechendes Exemplar hat er jedenfalls, zusammen mit einem weiteren Blasrohr und zwei Speeren, als Erinnerungsstück an seine indonesischen Jahre aufbewahrt.

pvwg

Lit.: Bock 1882; Roth 1896; Nieuwenhuis 1904; Hose/McDougall 1912; King 1988
Inv.-Nrn.: 25669 a-d

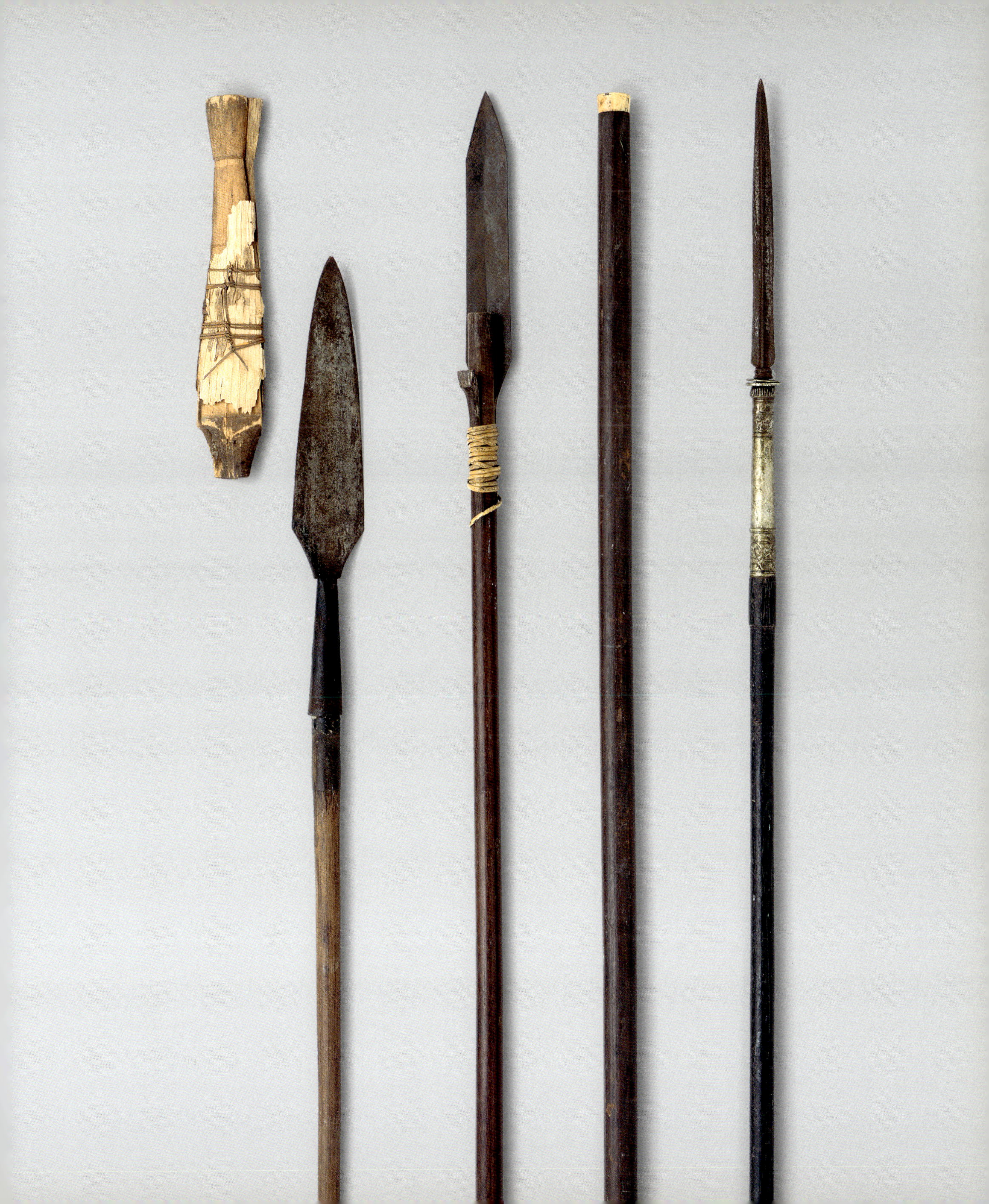

60. *Blätterabdach einer Bassapfamilie am Binaifluss im Sadjangebiet südl. Boeloengan. Die Bassap sind in Familienhorden von wenigen Mann im Walde nomadisierende Dajaks primitivster Kultur, noch vollkommen auf dem Sammelstadium der Kultur, von Waldfrüchten und Jagd mit Speer und Blasrohr lebend. Unter diesem für wenige Tage errichteten Abdach wohnte die grösste Horde des Binaiflussgebietes, 1 Urgrossvater + Urgrossmutter, 1 Grossvater + Grossmutter 1 verheirater Mann mit Frau und 2 Kindern, 2 unverheiratete Männer. Okt. 1923*

61. *Punan vom Kelei im Oberlauf eines Zuflusses des Makam, Berouw. Links trägt er das Buschmesser, rechts den Bambusköcher für vergiftete Pfeile, in der Hand das Blasrohr, das zugleich Lanze ist. Die Punans sind die primitivsten, in kleinen Horden ständig im Walde nomadisierenden Dajaks von Boeloengan und Berouw. Sie durchstreifen die Stromgebiete der wilden kleinen Nebenflüsschen und Oberläufe, wo keine gewöhnlichen Dorf-Dajaks mehr wohnen.*

Bambusbehälter

Zu den äusserst kunstvoll gestalteten Gegenständen in der Sammlung Leupold gehört eine Gruppe von Behältern aus Bambus. Jedes der mit Verschluss zwischen 44 und 70 cm hohen Stücke ist rundum mit feinteiligen, mal breiteren mal schmaleren Bändern geschmückt. Ganze Partien der obersten Bambusschicht werden für diese Art der Verzierung weggekratzt und die darunterliegende Fläche durch Schraffur so aufgerauht, dass die in sie einpolierte schwarze und rote Farbe darauf haften bleibt. Die scheinbar endlos variierten Spiralornamente – stilisierte Interpretationen des Drachenhund-Motivs *aso* – treten vor diesem Hintergrund gleichsam als Negativformen in Erscheinung, hell und in plastischer Wirkung hervorgehoben durch den natürlichen Oberflächenglanz des Bambus. Das hauptsächliche Werkzeug in der Bearbeitung des harten, durch seine Sprödigkeit technisch anspruchsvollen Materials ist ein kleines Messer mit langem Griff, das an der Innenseite der Schwertscheide immer mitgeführt und auch für das Einritzen und Schnitzen von Holz oder Horn eingesetzt wird.

Schön gearbeitete, teilweise durchbrochen geschnitzte Stopfen verschliessen die Öffnungen der Bambusbüchsen dicht. Der obere Rand ist zudem stets mit einem fein geflochtenen Band gefasst, das Spalte und Brüche verhindern soll. Die kürzeren zylindrischen Behälter wurden vor allem zur Aufbewahrung von Tabak, von Schmuckketten oder anderer kleineren Objekte verwendet. In einem der längeren Stücke sind hingegen für das Schiessen mit dem Bogen hergerichtete Pfeile enthalten. Die Frage, ob die indigenen Völker Borneos Pfeil und Bogen – möglicherweise als Jagdwaffe für den Fischfang – kannten, wurde in der Forschungsliteratur zu Borneo immer wieder verhandelt. In Leupolds Sammlung findet sich jedenfalls neben dem Köcher und weiteren Geschossen auch ein Pfeilbogen.

Der ornamentale Stil der Musterungen auf den Bambusartefakten ist dem der bemalten Jacken aus Rindenbaststoff, des aus Horn geschnitzten Ohrschmucks und des expressiv gestalteten Holzschilds verwandt. Er ist für die Kayan und Kenyah charakteristisch, in deren Siedlungsgebieten sich Wolfgang Leupold im Zuge seiner langjährigen geologischen Erkundungen des Terrains als Erdölprospektor wiederholt aufgehalten hat. Neben fotografischen Aufnahmen und einigen wenigen schriftlichen Aufzeichnungen bezeugt die durchaus beachtliche Anzahl und Qualität von Objekten dieser Volksgruppen, die vermutlich in Zusammenhang mit dem Anwerben lokaler Mitarbeiter und Führer in den Besitz des Schweizer Geologen übergingen, Momente einer kulturellen Begegnung, die nur noch im Ansatz rekonstruiert werden kann.

pvwg

Lit.: Nieuwenhuis 1907 und 1913; Hose/McDougall 1912; King 1988; Sellato 1989
Inv.-Nrn.: 25751, 25756, 25753, 25754, 25755, 25752, 25768, 25761

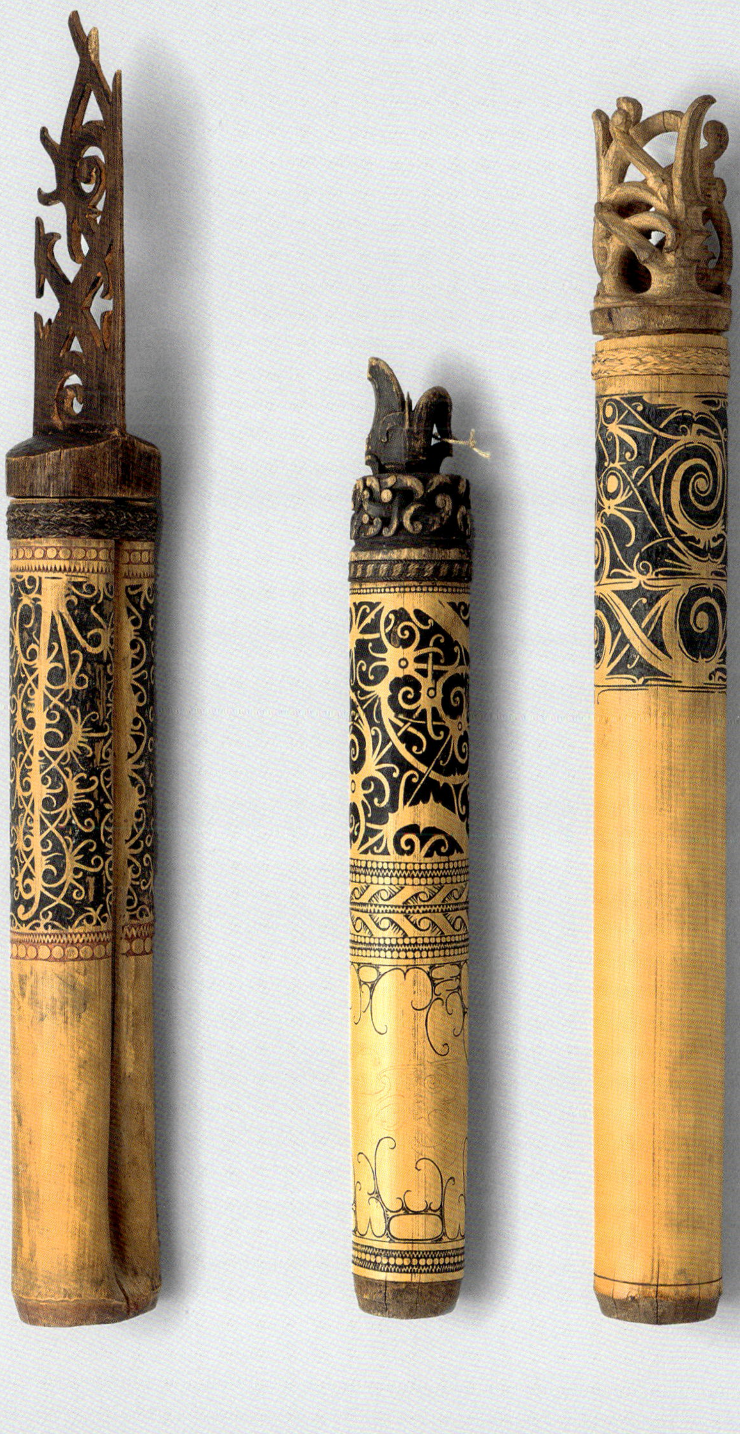

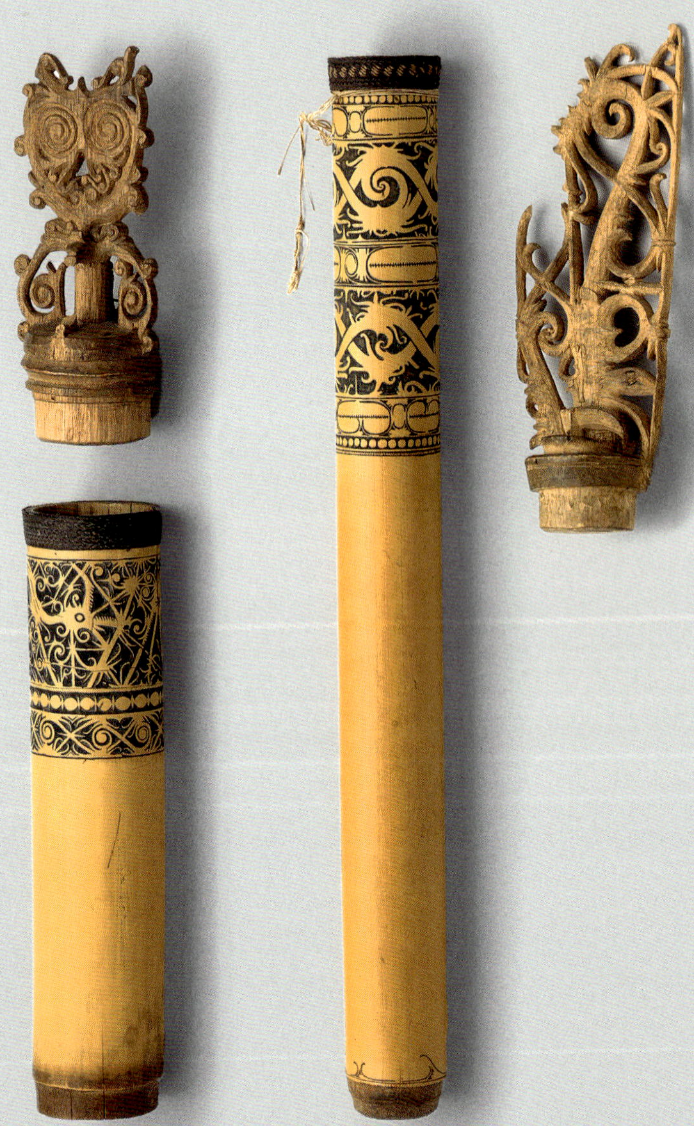

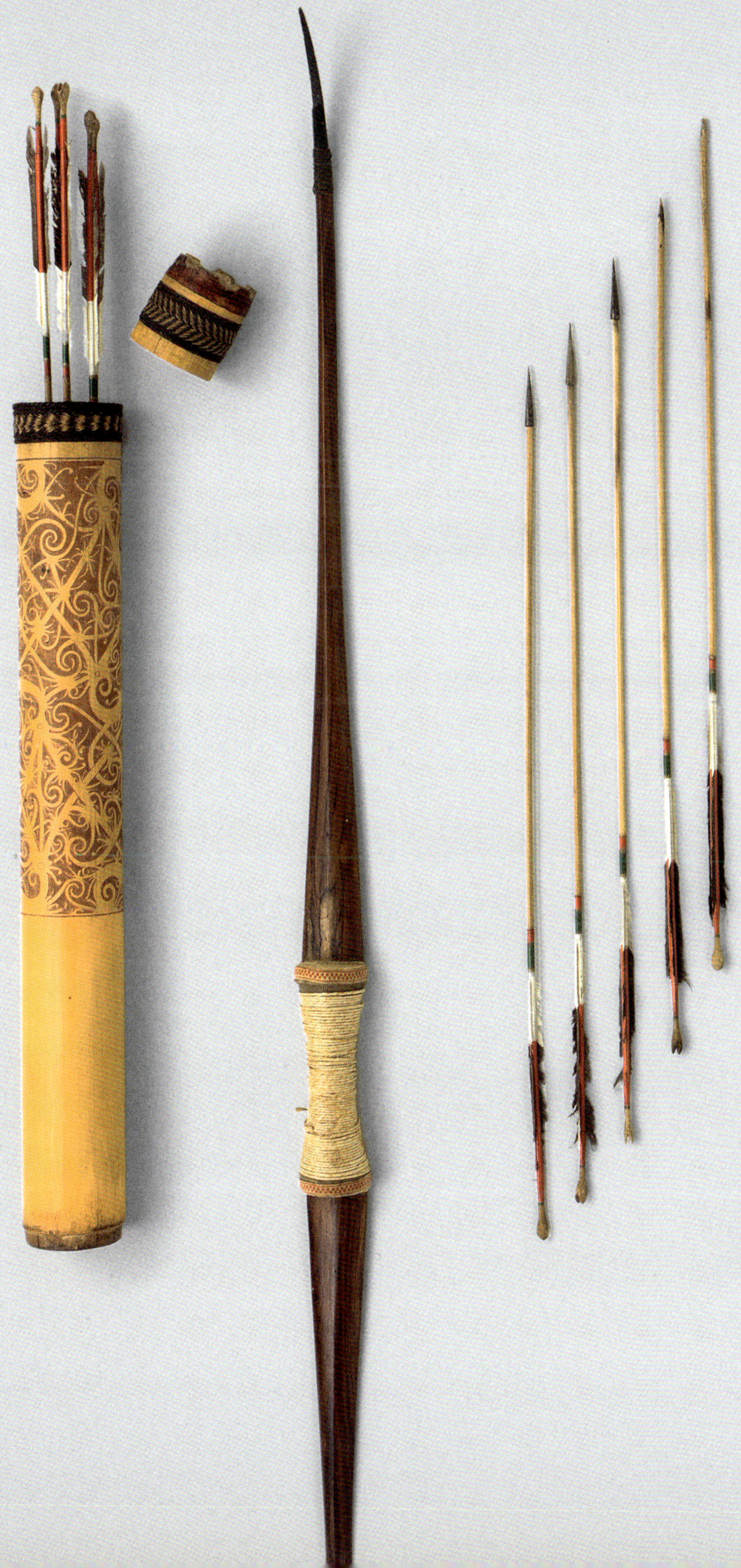

Schild

Schrecklich schön sind die ausdrucksstarken Ornamente auf den Kriegsschilden der Dayak. Es ist wohl auch diese ästhetische Strahlkraft, welche Wolfgang Leupold bewog, zumindest einen seiner beiden Dayak-Schilde in einer Ecke seines Arbeitszimmers aufzuhängen, wie auf der Fotografie eines der Wohnräume gesehen werden kann. Beide Schilde sind vorn und hinten reich ornamentiert, und einer davon ist zusätzlich mit Reihen von Haarbüscheln verziert, was ihn als einen Schild der Kenyah ausweist.

Den allermeisten Schilden der Dayak gemeinsam ist die Abbildung von einem oder mehreren Dämonengesichtern mit stark markierten, grossen, kreisrunden Augen und einem breiten Mund, woraus je zwei fürchterliche Hauer nach oben und nach unten ragen. Das Gesicht auf dem mit Haaren versehenen Schild aus Leupolds Sammlung ist ganz von sich durchdringenden, symmetrisch angeordneten, aber frei sich entfaltenden Darstellungen des Drachenhundes *aso* umrahmt. Die Rückseite des Schildes wird komplett von *aso*-Motiven eingenommen. Dies entspricht dem allgemeinen Gebrauch, das Fratzengesicht nur gegen vorne, vom Träger weg, aufzumalen, wo es gegen natürliche und gegen übernatürliche Feinde antritt. Die bei festlichen Gelegenheiten aufgeführten Kriegstänze, Aktivierungen der aufgemalten kräftigen Ornamente, dienen wohl allen übelwollenden Wesen zur Warnung.

Der Schild samt rückseitigem Handgriff ist aus einem einzigen Stück leichten Holzes hergestellt. Je zwei dicke Rotangstreifen, die mit dünneren Rotangschnüren vorne und hinten durch das Holz angenäht sind, halten im oberen und im unteren Bereich, vor der charakteristischen Zuspitzung der Enden, den Schild eng zusammen, was das Spalten des Holzes in seiner Wuchsrichtung verhindern soll. Die Haarbüschel sind in nicht ganz durchs Holz durchgehende Lochreihen eingeleimt und fallen alle in vorgegebener leichter Biegung nach unten. Diese sparsam eingesetzte Abdeckung und Bereicherung ebenso wie die Verteilung der schwarz bemalten Flächen, welche die Gesicht- und Hundemotive als unbemalte Formen in der rohen Holzfarbe hervortreten lassen, und das Setzen weniger roter Akzente vorwiegend für die Augen ergeben ein äusserst dynamisches und harmonisches Gesamtbild, das an eine Wirksamkeit künstlerischer Art eher als an kampftaugliche Effizienz dieses Kriegsgerätes denken lässt. Wolfgang Leupolds hohe Wertschätzung der Fähigkeiten und der Geschicklichkeit «seiner» Dayak in praktischen Dingen findet auch auf künstlerischem Gebiet in einem Stück wie diesem eine schöne Bestätigung.

ai

Lit.: Hein 1890; Schmeltz 1890; Nieuwenhuis 1904 und 1907
Inv.-Nr.: 25765

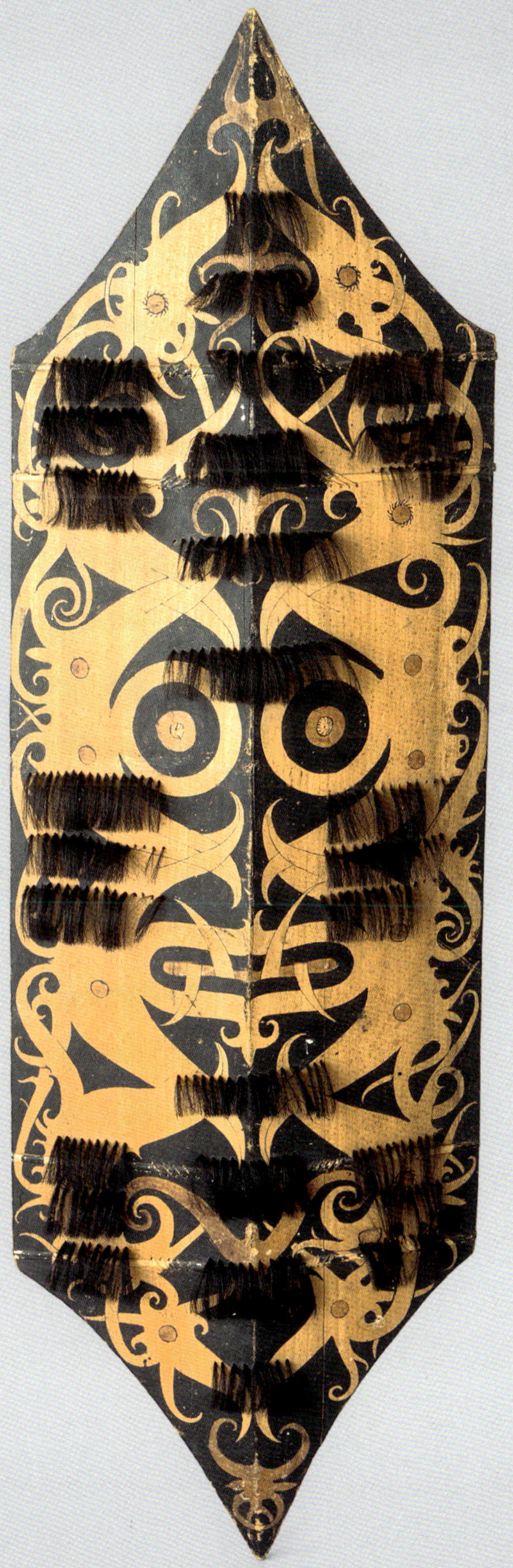

62. Wohnhaus der Familie Leupold in Tanjung Selor

63. Grosser Festtag am Geburtstag der Königin auf Bunyu

Schwerter

Eine ähnlich enge Beziehung, wie sie Wolfgang Leupold zu seinem nach Borneo gebrachten und auf allen Expeditionen durch den Busch mitgeführten Eispickel in Fotokommentaren zum Ausdruck bringt («als alter Bekannter mein Gletscherpickel»), mag ein Dayak zu seinem überallhin mitgenommenen Schwert gehabt haben. Gebrauchswert, Schönheit und Zugehörigkeitsgefühl treffen sich in diesen vielseitig einsetzbaren Meisterwerken. Die Qualitäten der typischen Dayak-Schwerter *mandau* haben diese auch zu begehrten Handelsgütern weit über das Gebiet der inländischen Herkunftsgebiete hinaus gemacht, und dies anscheinend schon zu Zeiten, als die Schwerter noch aus eigenen und selbst verhütteten Erzbeständen geschmiedet wurden. Ausländische, vorwiegend europäische Eisen- und Stahlimporte verdrängten die lokale Eisengewinnung seit dem letzten Viertel des 19. Jahrhunderts nach und nach und führten zur Herstellung von Klingen einheitlicher Qualität. Diese Schwerter erhielten dann gleich – und nicht wie früher erst nach einer mehrjährigen harten und erfolgreich bestandenen Bewährungsprobe – die schönen Klingenverzierungen und kunstvoll aus Holz oder Hirschhorn geschnitzten Griffe.

Die Schwerter sind nicht nur Wert- und Prestigeobjekte, sondern müssen für alle groben Arbeiten zu Hause, auf dem Feld und im Urwald herhalten und scheinen als Hack- und Haumesser für Verrichtungen aller Art sehr geeignet zu sein. In die Seite der kunstvoll geschnitzten, mit Haaren verzierten und mit Rotangflechterei schön zusammengebundenen Schwertscheiden wird oft ein feineres Messer mit langem Griff eingesetzt, das unter anderem der bewundernswürdigen Schnitzkunst dient. Zu diesem Zwecke wird das Ende des Griffes unter die Schulter in die Achselhöhle geklemmt und es werden, mehr das Werkstück als das Messer führend, die schönsten Verzierungen in Holz, in Bambusoberflächen, in die Masse des Nashornvogelschnabels oder eben in die diffizilen Hornstücke für die kostbareren der Schwertgriffe geschnitzt. Die vier von Leupold gesammelten Schwerter lassen sich aufgrund der Form der Griffe und des eingesetzten Haarschmucks als typisch für die nordöstlichen Gegenden Borneos einordnen, zu deren Bewohnern Leupold direkten Kontakt hatte. Auf einer seiner Fotografien wird die Fabrikation eines Einbaums dokumentiert. Darauf sind auch Schwerter und typische mit Rotanggeflecht am Stil befestigte Beilklingen zu sehen, wie sie von Dayak hergestellt werden. Die Arbeiter auf dem Bild lassen sich allerdings kaum als Dayak identifizieren, auch wenn ihre Werkzeuge und ihre Tätigkeit, das Bootsbauen, dies nahelegen könnten. Wolfgang Leupold hat bei seiner Arbeit ebenfalls ein Dayak-Schwert oder «Rimbumesser» (Urwaldmesser), wie Erika Leupold es bezeichnet, verwendet.

ai

Lit.: Tromp 1888; Schmeltz 1892 und 1893; Nieuwenhuis 1904, 1907 und 1913
Inv.-Nrn.: 25749, 25748, 25750, 25747, 25725

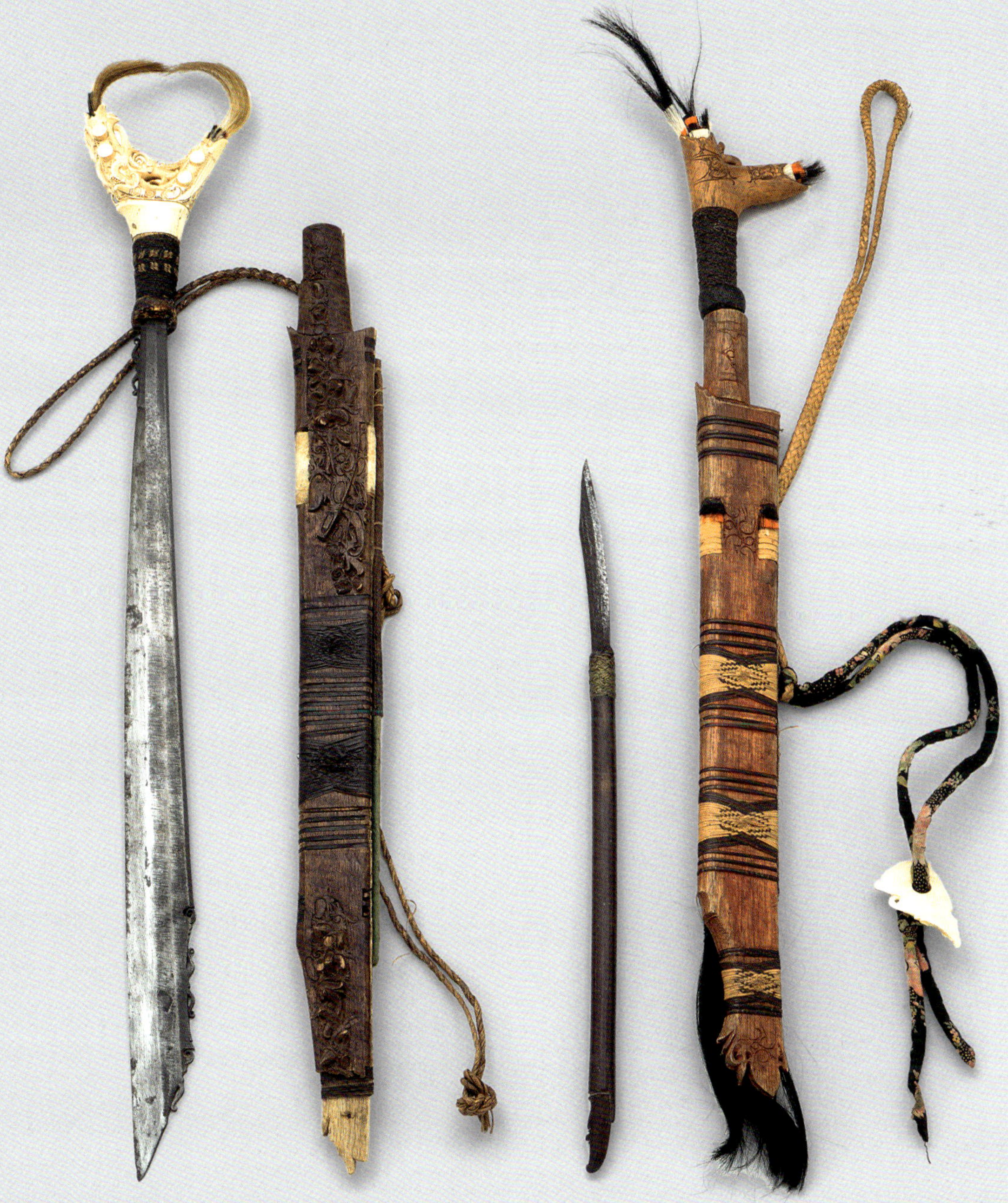

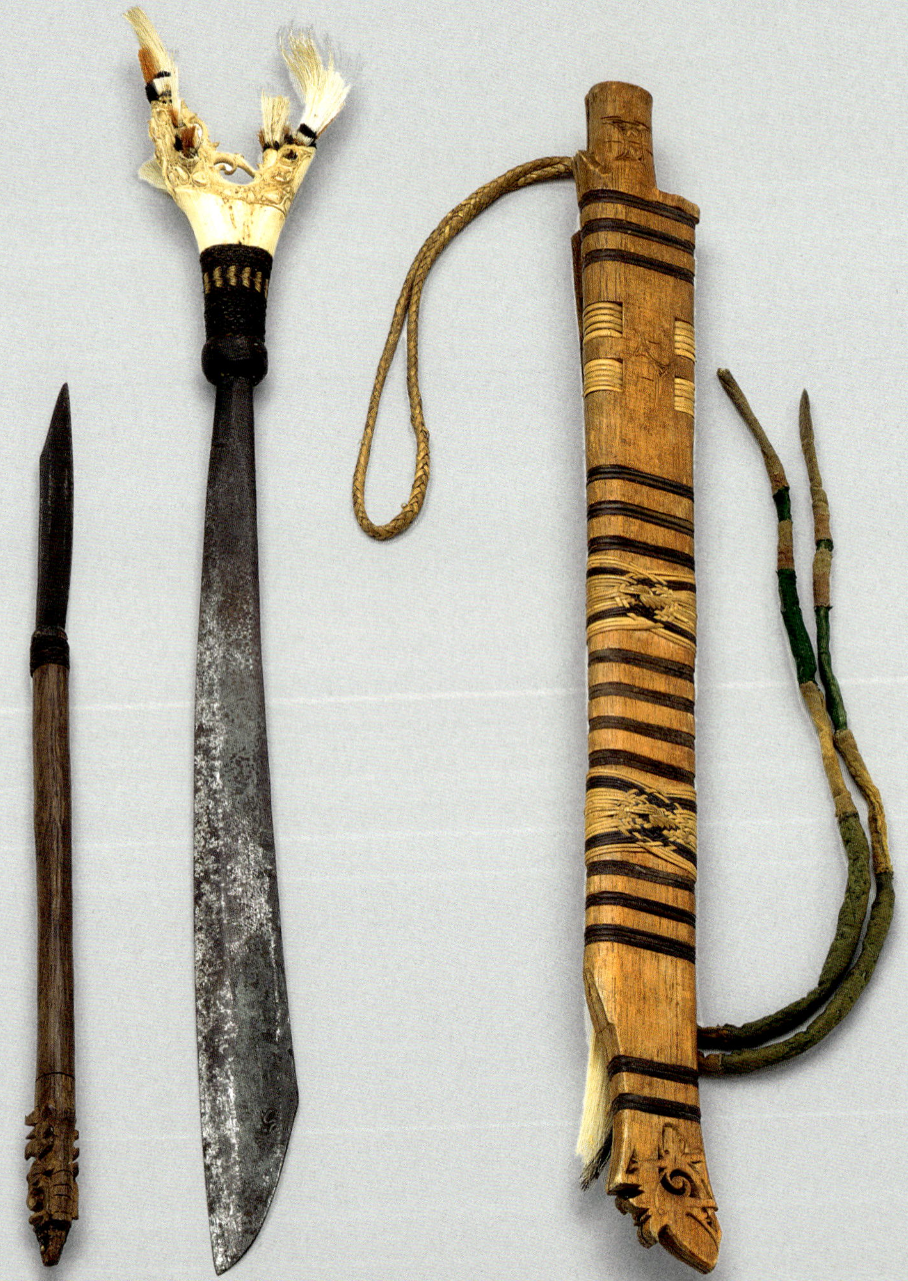

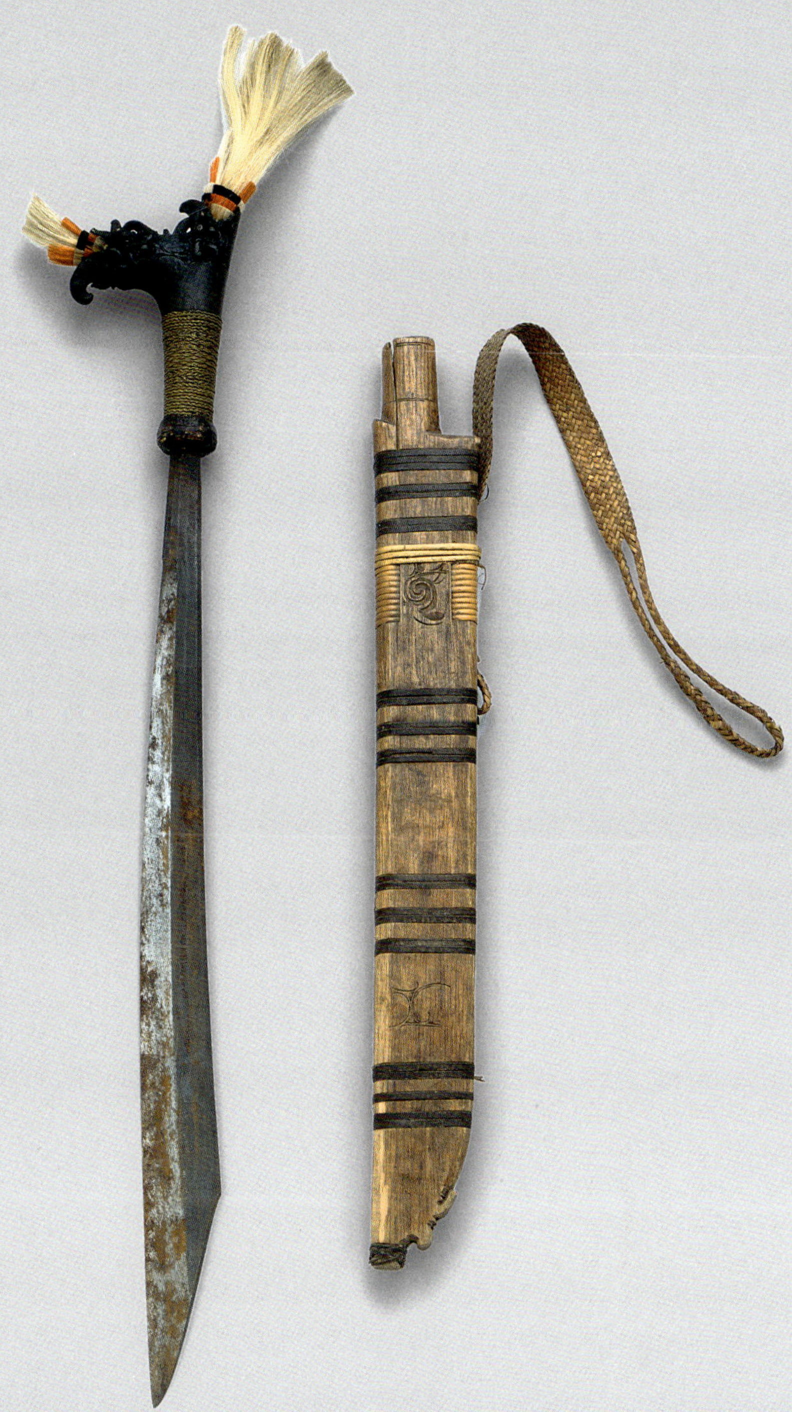

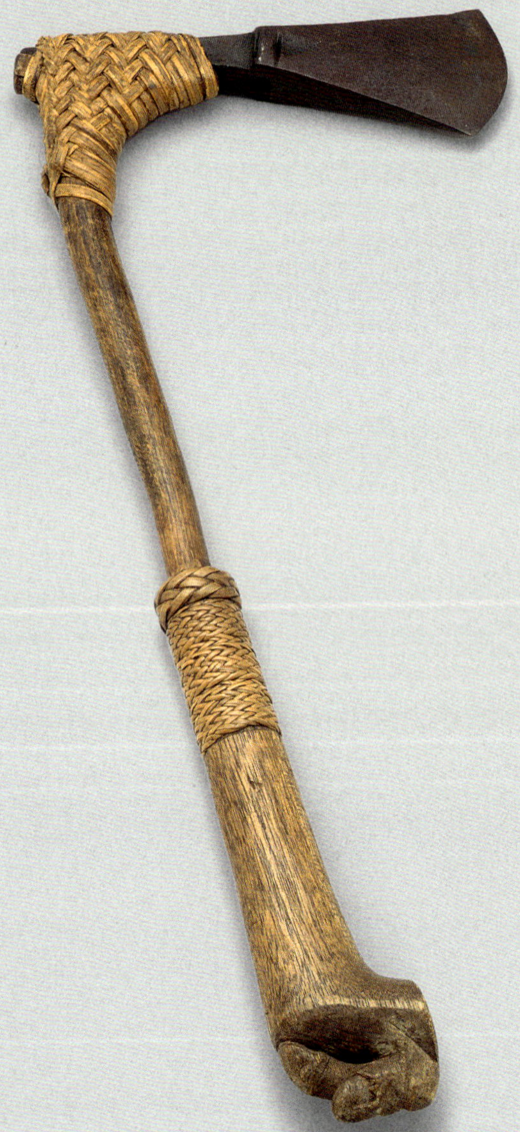

64. Ein […] Boot der Eingeborenen im Bau. Das Boot ist ein Einbaum, ausgehackt aus einem grossen Baumstamm. Man sieht den riesigen Baum noch liegen, wie er gefallen ist, aus dem mittelsten Stück des Stammes haben die Eingeborenen das Boot herausgearbeitet mit Hülfe von kleinen Beilen. Die ganze Arbeit dauerte etwa 1 Monat. Der Baumstamm hatte einen Durchmesser von 1.5 m und war 35 m hoch bis zum ersten Ast, der ganze Baum war über 50 m hoch.

Kris-Dolche

Seit seiner Entstehung im Majapahit-Reich auf Java vor über einem halben Jahrtausend ist der Kris, eine höchst kunstvoll gearbeitete Stichwaffe, im indonesischen Archipel die zur richtigen Ausstattung jedes vornehmen Mannes gehörende Waffe schlechthin. Idealerweise besitzt man drei Krisse: einen eigenen, einen von seinen Vorvätern ererbten, und einen, den man anlässlich der Heirat von seinem Schwiegervater geschenkt bekommen hat. Jeder einzelne Teil des Dolches – die Klinge, der Zwischenring und der Griff – wie auch die Scheide werden je von Spezialisten hergestellt und sind prestige- und bedeutungsgeladen.

Die Dolchklingen werden in einem langen Prozess aus mehreren Lagen von Stahl und von nickelhaltigem Meteoreisen zusammengeschmiedet; irdisches und himmlisches Metall gehen in diesen sogenannten Pamor-Klingen eine innige Verbindung ein. Die schön damaszierten Stücke tragen je nach der bei ihrer Herstellung angewendeten Falt- und Verdrehtechnik bestimmte Namen, die dem sich ergebenden Muster entsprechen. Damit die Zeichnung der dunklen Eisen- und der hell glänzenden Nickelpartien klar hervortritt, werden die Klingen mit Arsen und Zitronensaft behandelt.

Was die Form der Klinge betrifft, gibt es sowohl gerade als auch geflammte, letztere mit immer ungerader Anzahl an Rundungen. Eine sich im Eisen vorgestellte Schlange verharrt entsprechend in kontemplativer Ruhe beziehungsweise bewegt sich in schlängelnder Aktion. Die aus Holz oder aus Elfenbein geschnitzten Griffe sind bei Dolchen aus Ost-Java und aus Madura, wie sie Wolfgang Leupold besass, allermeist als sehr stilisierte menschenähnliche, vornübergebeugte Gestalten erkennbar, die sich in florale Muster auflösen.

Die spirituelle Kraft eines alten, womöglich schon im Kampf oder in Tranceritualen verwendeten Kris liegt nicht nur in der Klinge, sondern auch im Griff, der wie eine Ahnenfigur die Ehrfurcht und Verehrung geniesst, wie sie den älteren Generationen zukommt, und zugleich die damit einhergehende Macht und Pflicht gegenüber den nachfolgenden Geschlechtern, den aktuellen Besitzern des Dolches, ausübt. Bei den Kris-Scheiden, aus flachem Rohr und charakteristisch grossem Mundstück bestehend, sind Hölzer beliebt, die sich durch eine spezielle Maserung oder bestimmte Flecken im Holz auszeichnen. Diese Hülle birgt die gefährliche Kraft der Klinge und lässt respektvoll die Gestalt des Griffes thronen.

ai

Lit.: Gronemann 1910 und 1913; Solyom 1978; Kerner 1996
Inv.-Nrn.: 25713, 25718, 25710, 25709

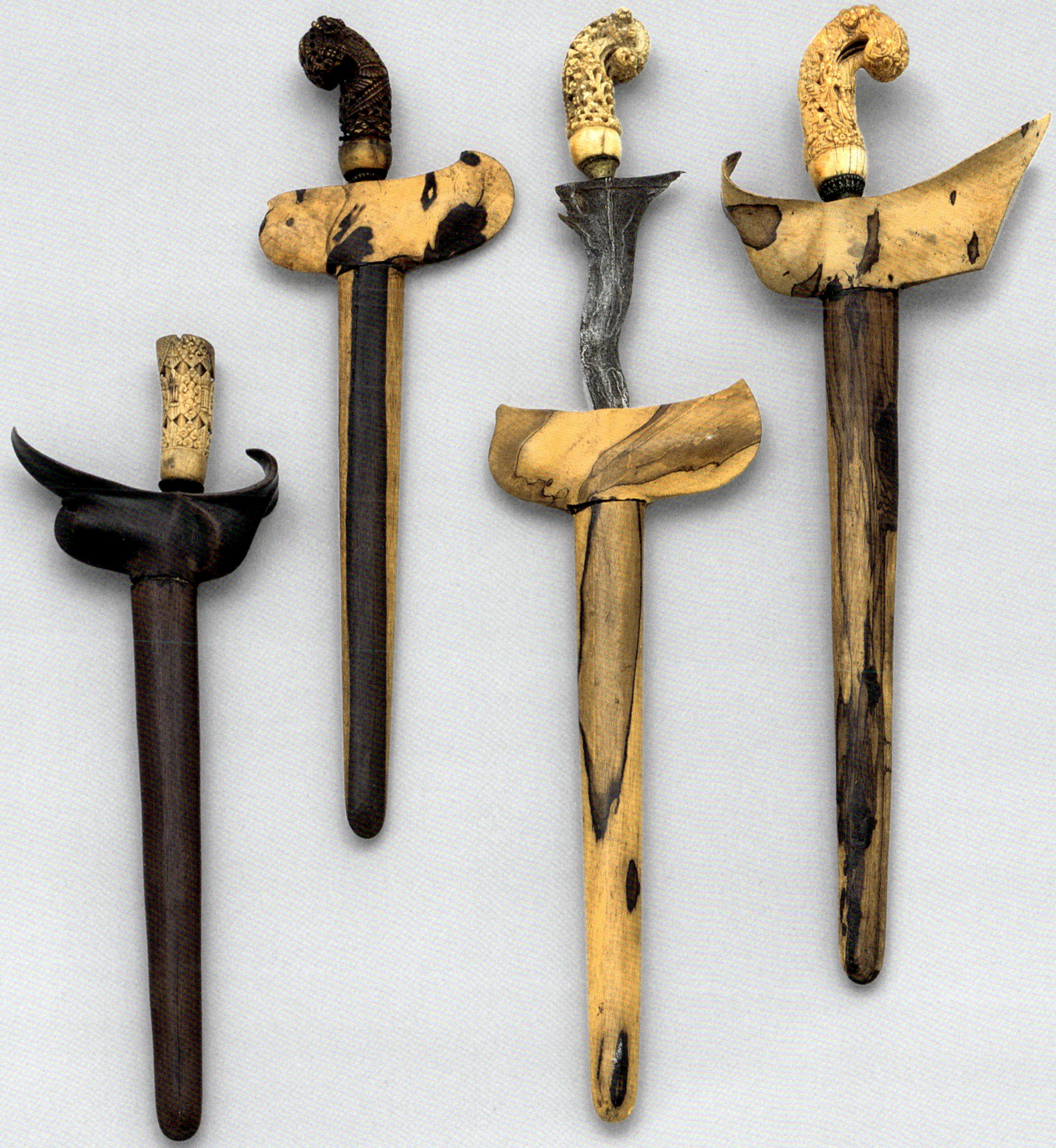

Betelgefässe

Gäste gebührend zu bewirten gehört zu den Selbstverständlichkeiten gesellschaftlichen Lebens rund um die Welt. Womit Besuch willkommen geheissen wird, ist je nach Weltgegend und Zeitalter sehr unterschiedlich. In Indien über Südost-Asien bis in den Pazifik waren in den durch indische Kultur beeinflussten Gebieten das Anbieten und das gemeinsame Kauen von präparierten Betelblättern wichtigster Bestandteil ritualisierter Gastlichkeit. Ein Betelpriem wurde dabei vor den Augen des Gastes frisch zubereitet. Oft trug der Hausherr selbst auf ein Blatt des Betelstrauches, dessen Spitze abgezwickt wurde, etwas gelöschten Kalk auf, legte fein abgeschnittene Stücke einer getrockneten Areca-Nuss und der gerbstoffreichen Aufbereitungen des Färberstrauches Gambir und allenfalls Gewürze dazu und faltete das Ganze im Blatt zu einem Päckchen, welches darauf im Mund zur Freisetzung der leicht berauschenden und anregenden Inhaltsstoffe unter starker dunkelroter Saftentfaltung sanft gekaut wurde. Ein Spucknapf nahm regelmässig den Saft und, wenn der Betelpriem ausgekaut war, diesen selber auf. Mit einem Bällchen aus Tabak wurden dann Mundwinkel und Zähne gereinigt, und dieses wurde daraufhin zur Abgabe seiner Nikotinwirkung zwischen Zahnfleisch und Backe deponiert.

Die Gerätschaften und Töpfchen für kultiviertes Betelkauen dienten nicht nur ihren praktischen Zwecken, sondern waren auch Wohlstandsanzeiger, die dem Gast signalisierten, dass man seinen Besuch mit Respekt und Grosszügigkeit ehre. Auch Europäern wurde bei Besuchen von den Einheimischen der Sitte gemäss Betel angeboten, jedoch, in Kenntnis von deren häufiger Abneigung gegen das Kauen, nicht auf dessen Konsum bestanden, sondern durch das gleichzeitige Anbieten von Zigaretten eine allen Seiten angenehme Möglichkeit gemeinsamer Unterhaltung in Musse geschaffen.

Wolfgang Leupolds Sammlung umfasst einen Betelschneider sowie mehrere Messinggefässe und -töpfchen, die dem Aufbewahren und Anbieten von Betelzutaten dienen. Auf den Fotografien der Wohnräume in Niederländisch-Indien stehen diese Messingtöpfe allerdings nicht beisammen, sondern vereinzelt und wohl nicht ihrem Zweck gemäss eingesetzt. Grosse Behälter mit an einem Mittelgriff abnehmbarem Deckel, hier mit einem Durchmesser von 22 cm, kleine Blättervasen und handgrosse, schlicht und kunstvoll gearbeitete Töpfchen für die Aufbewahrung von Kalk, von Areca-Nüssen, von Gambir und von Tabak ergeben alles in allem mindestens zwei ganze Betelsets. Ob Wolfgang Leupold bei Empfängen Betel gekaut oder dann Zigaretten oder seine Tabakpfeife geraucht hat, entzieht sich unserer Kenntnis.

ai

Lit.: Grabowsky 1888; Lewin 1890; Brownrigg 1993
Inv.-Nrn.: 25702, 25698, 25743, 25690, 25689, 25692

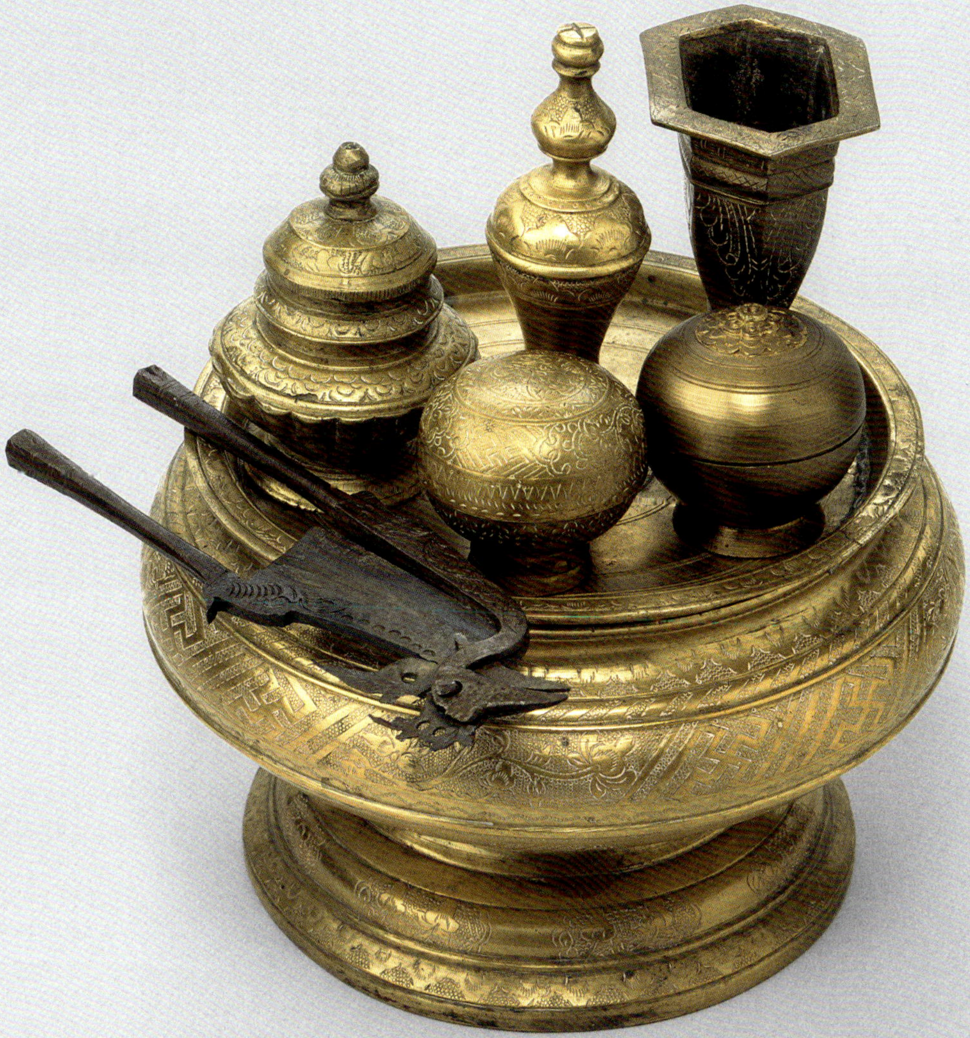

China-Keramik

Die chinesischen Keramiktöpfe, die von Wolfgang Leupold aus Borneo gebracht wurden, dienten ihm damals allem Anschein nach nicht zu praktischen Zwecken, etwa der Aufbewahrung von Nahrung. Sie standen, wie auf Innenaufnahmen zu sehen ist, in seinem Schreibtischbereich, bevölkerten diesen gleichsam wie stumme Gäste, deren Anwesenheit wohl willkommen war. Dies mag an die Beziehung der Dayak zu uralten chinesischen Vasen erinnern, auch wenn Leupolds Keramikwaren nicht ganz dem Typus der heiligen Töpfe der inländischen Bewohner Borneos entsprechen und vermutlich beim lokalen chinesischen Händler erstanden wurden.

Die Dayak sind, wie aus frühen Beschreibungen hervorgeht, Experten in der Beurteilung gewisser alter, in weit zurückliegender Zeit aus China importierter Tontöpfe und sehr darauf aus, ihren Besitz daran nach Möglichkeit zu mehren. Sie bewahren solche Gefässe, wenn es sich irgendwie machen lässt, als äusserst wertvollen Familienbesitz über Generationen hinweg auf. Der Legende gemäss sind diese Töpfe himmlischer Herkunft, verwandelte Jagdtiere und von einer Seele belebt. Selbst Bruchteile der wertvollsten Stücke behalten ihren Wert. Die Tontöpfe transportieren Reichtum und Glanz glorreicher Generationen durch die Zeit, sind in einer tropischen Umwelt ständigen raschen Zerfalls und Entstehens Fixpunkte einer unvergänglichen Tradition, und das Wissen darum macht sie zu als Wertmesser geeigneten Gegenständen.

Eine der Deckelvasen aus der Sammlung Leupold, eine bemalte und glasierte Keramik, steht auf einer relativ breiten Standfläche, ist mit eleganter Rundung hochbauchig, von kurzem Hals und trägt auf ihren breiten Schultern sechs gerippte Henkel. Den fast kugelsegmentförmigen Deckel mit Rand ziert zuoberst als Griff die stilisierte Figur eines Tempellöwenhundes. Auf der Vase fliegen zwei aufgemalte Vögel zwischen grossen roten Blumen im alles umgebenden grünen Blätterrankenwerk hintereinander her. Das mit Deckel fünfteilige Essgeschirr aus weiss glasierter Keramik, ein Exemplar mit Blüten auf hellem Grund verziert, das andere dicht blauweiss gemustert und mit feinen bräunlich goldfarbenen Rändchen versehen, lässt sich übereinander stapeln. Ein mehrere Speisen umfassendes Essen kann so kompakt transportiert und aufgetischt werden.

Wie die Vasen der Dayak sind auch die Keramiktöpfe Leupolds geschätzte Erbstücke, deren Aura der Herkunft aus einer fremden Welt in Formgebung, Dekoration und Eigentümlichkeit sich hält und glänzt.

ai

Lit.: Hein 1890; Harrisson 1986; Roth 1992
Inv.-Nrn.: 25703, 25704 und, vorne links, Privatbesitz

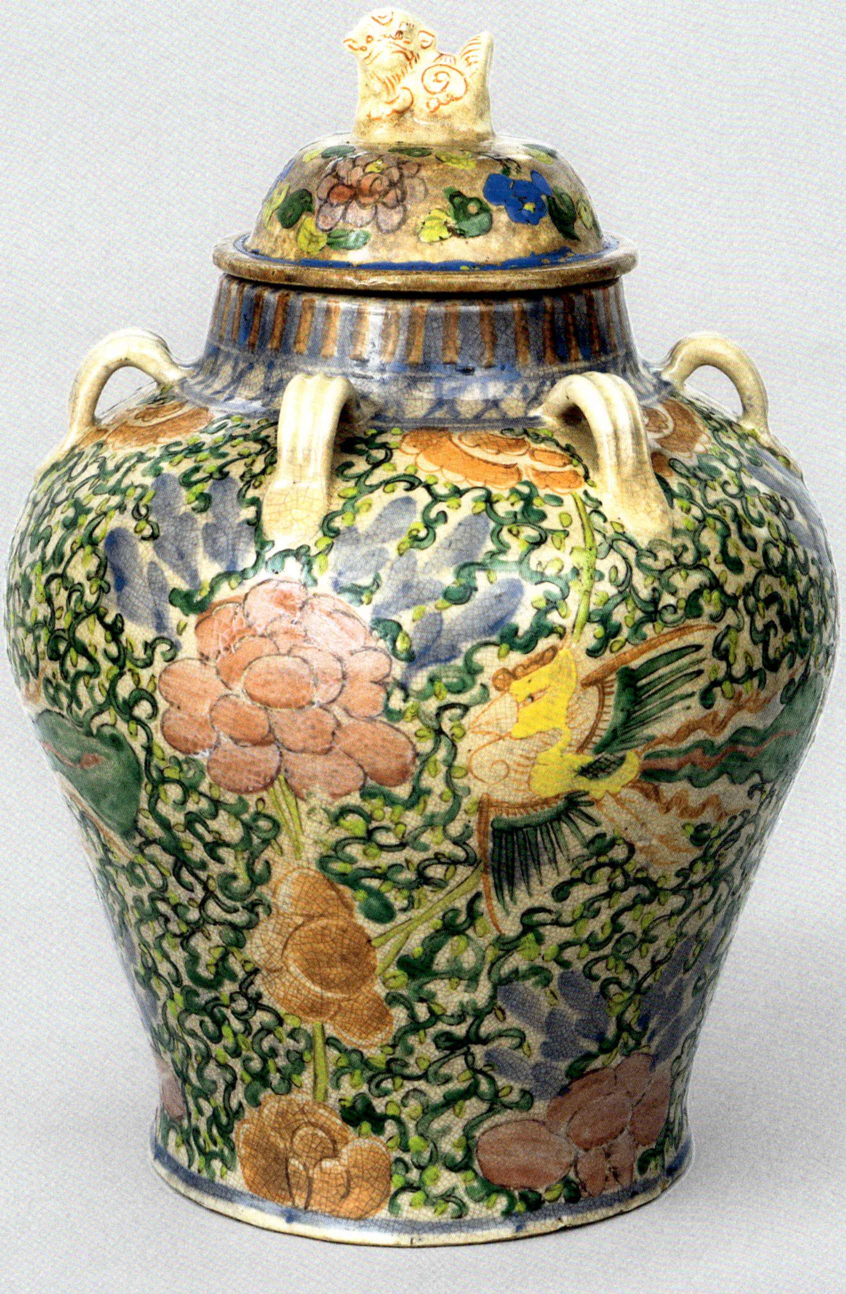

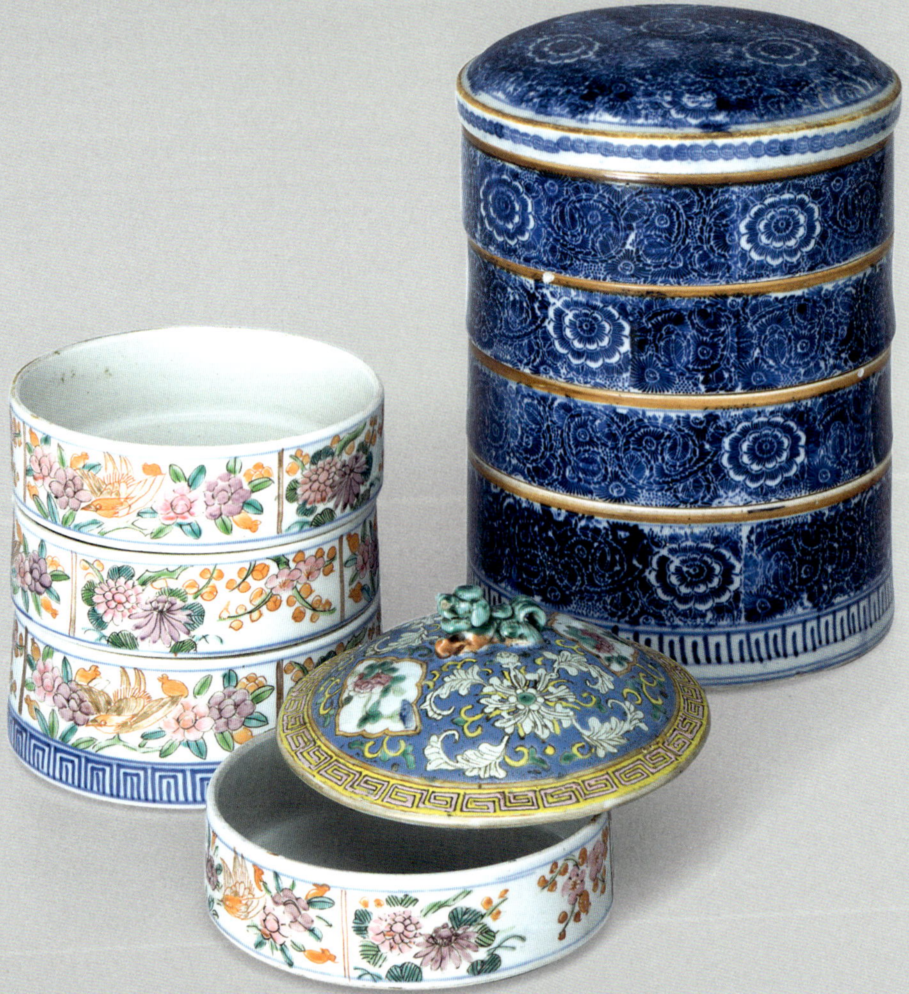

65. Wohnhaus der Familie Leupold auf Bunyu

Chinesische Statuetten

Zwei kleine Figuren beleben nebst Vasen, Messinggerät und Heimatbildern den Wohnbereich der Leupoldschen niederländisch-indischen Behausungen: in Stein geschnitten wohl der chinesische Sternengott Shouxing, beziehungsweise Nanji Laorenxing, der Gott der Langlebigkeit, und in Holz geschnitzt Bodhidharma. Letzterer, ein indischer Mönch, soll Anfang des 6. Jahrhunderts eine nur der direkten Erfahrung der Leere verpflichtete Meditationspraxis des Buddhismus nach China gebracht haben, woraus sich in China und Japan die Schulen des Chan beziehungsweise Zen entwickelten. Auf die Frage nach dem höchsten Sinn der heiligen Wahrheit soll Bodhidharma geantwortet haben: «Offene Weite – nichts Heiliges.»

Der «blauäugige Brahmane», wie Bodhidharma auch genannt wird, tritt uns in der einfach und schön ausgeführten, 20 cm hohen Schnitzerei barfuss, in wallendem Reisemantel und seine Habseligkeiten und einen Wedel als Ehrenzeichen an einem knorrigen Stock mit sich tragend entgegen. In seiner Linken trägt er eine einzelne Sandale. Dies nimmt auf eine der vielen sein Leben und Wirken umrankenden Legenden bezug. Er ist auf seinem Weg zurück in sein Heimatland in diesem Aufzug angetroffen worden; sein Grab hinter dem Shaolin-Kloster, wo er Jahre zuvor verstorben war, erweist sich bei einer der eigenartigen Begegnung folgenden Nachprüfung – bis auf den zweiten Schuh – als leer.

Die Statuette des Sternengottes Shouxing ruht auf einem passenden Sockel und ist in ihrem Inneren ausgehöhlt. Mit wohlriechenden Brennkegeln versehen dient sie als ein Räuchermännchen, durch dessen offenen Mund der Rauch abziehen kann. Ein angedeuteter Knotenstab, die hohe Stirn und vor allem der Pfirsich der Unsterblichkeit, den diese bärtige Gestalt darbietet, lässt sie als eine der drei Sternengottheiten erkennen, die Glück, Wohlstand und langes Leben verheissen. Der Name Nanji Laorenxing – Stern des Südpol-Alten – weist diese Gottheit Canopus zu, einem Stern erster Grösse weit südlich des Sirius, der in unseren Breiten nie über dem Horizont auftaucht, am Äquator jedoch zwischen Wolfgang und Erika Leupolds Geburtstagen am hellsten erstrahlt. Statuetten dieses Sternengottes sind beliebte Geschenke, die den Wunsch nach langem und glücklichem Wallen auf Erden ausdrücken.

Es kann gut sein, dass Wolfgang oder Erika Leupold den Gott des langen Lebens und den dem Tod ein Schnippchen schlagenden buddhistischen Boten aus Indien von ortsansässigen Chinesen erhalten haben. Erika Leupold schreibt in ihrem Rückblick: «Mit Chinesen hatten wir nur gute Erinnerungen.»

ai

Lit.: Williams 1960; Richtsfeld 2007; Martin/Nentwig 2010
Inv.-Nrn.: 25744, 25746

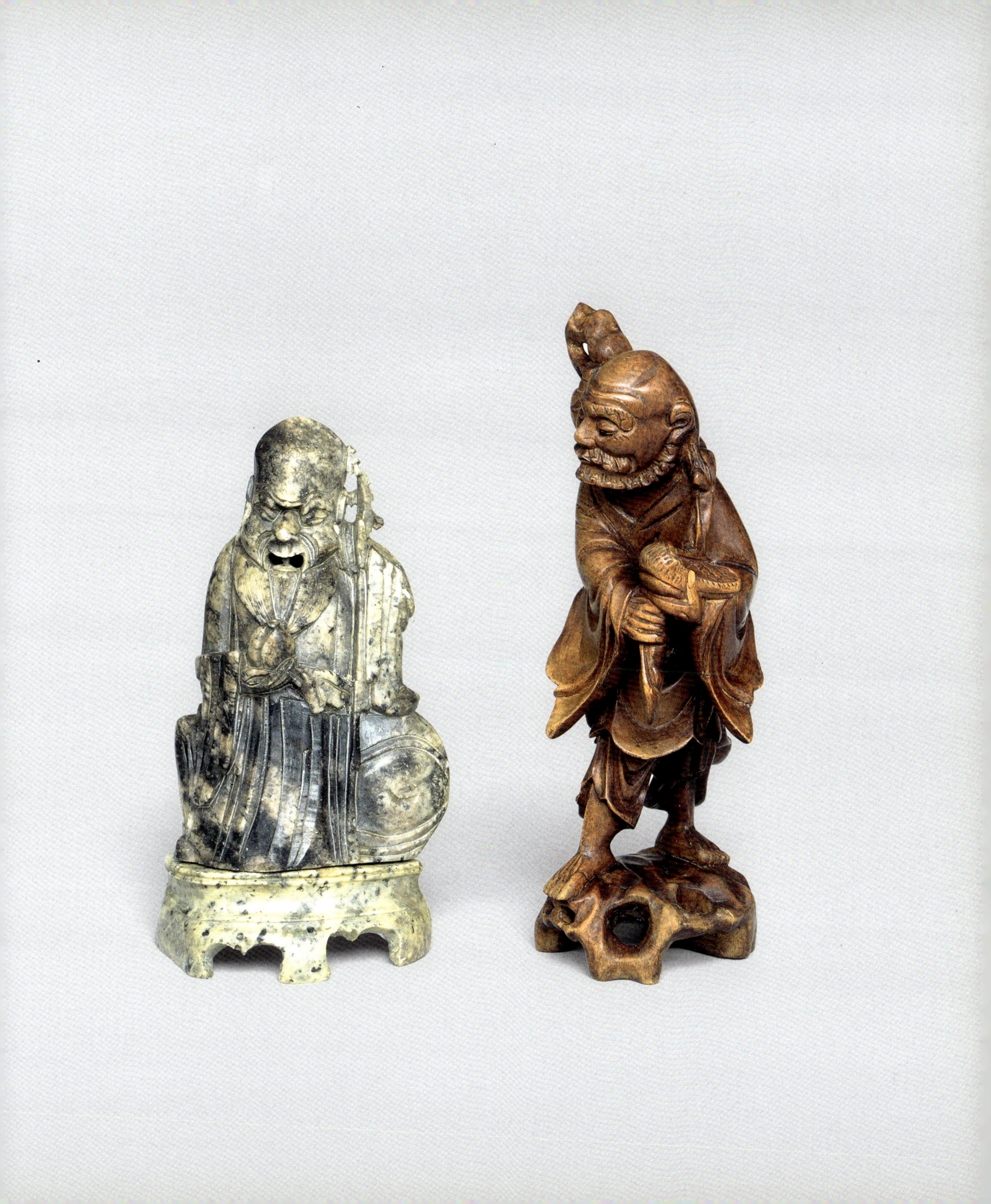

Sumba-Tuch

Die gemusterten *hinggi*-Tücher Ost-Sumbas, aus zwei zusammengenähten Stoffbahnen bestehend, gelten in der Ästhetik und Vielfalt ihrer figurativen Elemente selbst innerhalb der reichen textilen Tradition des indonesischen Archipels als Besonderheit. Das in der Sammlung Leupold erhaltene Stück ist in seiner ornamentalen Gestaltung ganz klassisch: Der indigoblaue Mittelteil, von pflanzlich-geometrischen Zeichnungen und Fischmotiven geziert, wird beidseitig von je drei zueinander klappsymmetrischen Bändern flankiert. Vor morindarotem Hintergrund sind auf den schmalen Bahnen Vogelpaare dargestellt. Die viel breitere, dazwischen liegende Partie zeigt, wiederum einander paarweise gegenüberstehend, Hirsche vor dunklem Grund.

Das Tuch ist in Kett-Ikat geschaffen, einem äusserst aufwendigen und komplexen Produktionsverfahren, bei dem einzelne Fadengruppen so abgebunden und eingefärbt werden, dass sie im fertigen Gewebe die entsprechenden Muster bilden. Die grossen Textilien, von Männern paarweise als Schulter- und Hüfttuch getragen, stellten eine bei Zeremonial- und Festanlässen dem Adel vorbehaltene Art der Kleidung dar und spielten innerhalb der Begräbnisrituale als Leichentücher und Wertobjekte eine zentrale Rolle.

Obwohl für den Eigengebrauch weiterhin in hoher Qualität und unter Einhaltung traditioneller Vorgaben produziert wurde und die lokale Funktion und der damit verbundene Stellenwert der Textilien bestehen blieben, entwickelten sich die *hinggi*-Tücher seit Beginn des 20. Jahrhunderts, mit der Eroberung der ost-indonesischen Insel durch die Niederländer, innerhalb und ausserhalb des Archipels auch zur beliebten Handelsware, die man bis in die grossen Warenhäuser Europas zum Verkauf anbot. Den javanischen Batikstoffen vergleichbar mutierten die aus ihrem angestammten kulturellen Zusammenhang losgelösten ost-sumbanesischen Tücher im neuen Kontext zu gebräuchlichen Einrichtungsgegenständen kolonialer Wohnhäuser. Als Tischdecke, Bettüberwurf und Wandbehang, auf den teilweise gar gerahmte Fotografien der Schweizer Heimat gehängt wurden, schmückten sie, wie erhaltene Aufnahmen belegen, auch die verschiedenen Wohnorte der Familie Leupold. Das vorliegende Sumba-Tuch ist auf einem Foto erkennbar, das ein urban wirkendes Esszimmer zeigt. Möglicherweise handelt es sich bei dem Interieur um einen der Räume im Haus der Leupolds in Bandung auf Java, der letzten Station der Familie in Niederländisch-Indien, wo Wolfgang Leupold einige Monate lang mit dem Schreiben eines umfassenden Berichts über seine geologischen Befunde beschäftigt war, eine Arbeit, die er nach der Rückkehr in die Schweiz im Sommer 1927 fortsetzte und die erst Jahre später ihren Abschluss fand.

pvwg

Lit.: Adams 1969 und 1999; Khan Majlis 1984; Forshee 2000
Inv.-Nr.: 25771

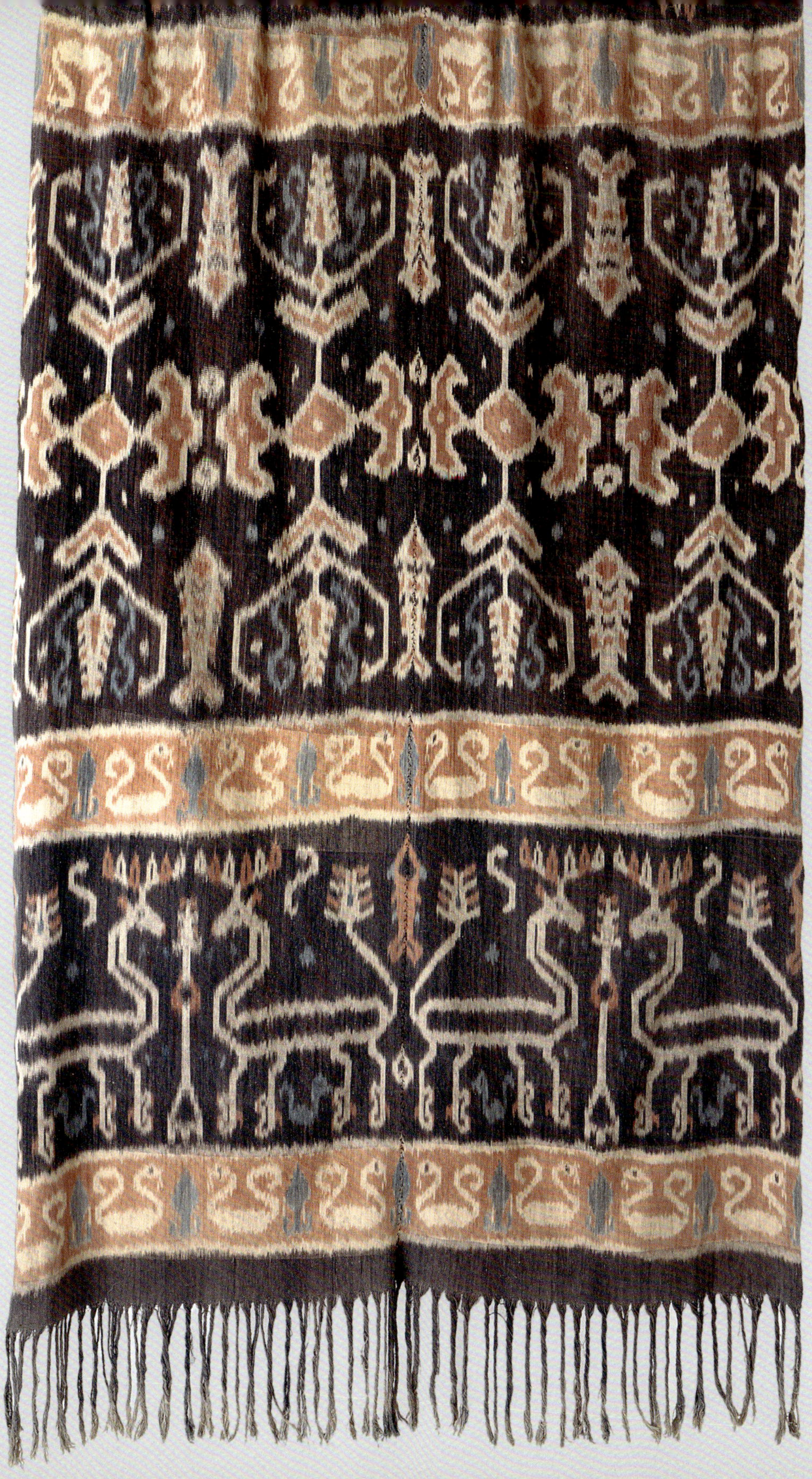

66. Wohnhaus der Familie Leupold in Tanjung Selor

67. Wohnhaus der Familie Leupold, vermutlich in Bandung, Java

Lebenslauf von Wolfgang Leupold

20. Dezember 1895	Geburt in Bern
1914	Maturität in Bern
1914 – 1920	Studium der Naturwissenschaften an der Universität Bern
1919 – 1921	Mitarbeit bei der Schweizerischen Geologischen Kommission
1920	Promotion in Geologie, Mineralogie, Petrographie und Geographie
	Dissertation: *Der Gebirgsbau des unteren Landwassertales in Mittelbünden*
1921	Heirat mit Erika Bleuler
1922 – 1927	Arbeit für die Niederländische Kolonialregierung als Geologe in Niederländisch-Indien, Aufenthalt in Nordost-Borneo und auf Java
1927	Assistenz am Geologischen Institut der Universität Bern
1927 – 1932	Arbeit am Bulungan-Report: *Die Geologische Beschreibung von Nordost-Borneo, Landschaften Bulungan und Berau* (auf Holländisch, unpubliziert)
1939	Schläfli-Preis der Schweizerischen Naturforschenden Gesellschaft für seine *Studien zur Nummuliten-Stratigraphie des alpinen und westeuropäischen Alttertiärs* (2003 publiziert)
	Assistenz an der Eidgenössischen Technischen Hochschule (ETH) Zürich
	Privatdozentur an der ETH und der Universität Zürich
1942	Titularprofessur
1943	ausserordentliche Professur an der ETH Zürich für Mikropalaeontologie und praktische Geologie
	Untersuchung der Flysche der helvetischen Decken; Gutachten für Kraftwerkbauten in der Schweiz, in Spanien und Portugal
1948	Scheidung von Erika Leupold
1950	Heirat mit Margrit Gamper
1964	Altersrücktritt und Übersiedlung nach Amsoldingen bei Thun
9. Dezember 1986	Tod in Amsoldingen

Lebenslauf von Erika Leupold-Bleuler

14. Januar 1897	Geburt in Bern
	Ausbildung zur Hauswirtschafterin
1921	Heirat mit Wolfgang Leupold
1922 – 1927	Aufenthalt in Nordost-Borneo und auf Java
1923	Geburt des Sohnes Urs in Tarakan, Nordost-Borneo
1928	Geburt des Sohnes Rudolf in Bern
1939	Übersiedlung nach Zürich
1948	Scheidung von Wolfgang Leupold
13. Dezember 1970	Tod in Zürich

Lebenslauf von Urs Leupold

19. Juli 1923	Geburt in Tarakan, Nordost-Borneo
1942 – 1949	Studium der Biologie an der Universität Zürich
1946 – 1952	Mehrere Aufenthalte und Arbeit als Mikrobiologe in Kopenhagen, in Pasadena, Kalifornien, und in Paris
1955	Privatdozentur an der Universität Zürich
1960	ausserordentliche Professur
1963 – 1986	ordentliche Professur für Mikrobiologie an der Universität Bern
9. Oktober 2006	Tod in Amsoldingen

Lebenslauf von Rudolf Leupold

28. Oktober 1928	Geburt in Bern
1947	Maturität in Zürich
1947 – 1954	Studium der Medizin an der Universität Zürich
1954	Staatsexamen für Allgemeinmedizin
1960 – 1997	Praxis als Kinderarzt in Witikon

Quellen

Leupold, Wolfgang, Korrespondenz mit dem Ministerie van Kolonien te 's Gravenhage 1921 und Personaldatenblatt, Nationaal Archief in Den Haag.

Leupold, Wolfgang, Rückseitig beschriftete Fotoabzüge.

Leupold, Wolfgang, Verslag Boeloengan-Beraoe, Afdeeling A.: Inleiding / Manuscript kaartbladen Mangkalihat 1 op 200.000, Boeloengan-Beraoe 1 op 500.000, Arch. 55 30031, Archiv des Nederlands Centrum voor Biodiversiteit (NCB) Naturalis, Leiden.

Leupold, Wolfgang, Habilitationsgesuch und Curriculum vitae 1939; Curriculum vitae 1943, Archiv der Eidgenössischen Technischen Hochschule Zürich, SR 3 1943/221.0.

Leupold, Wolfgang, Leupolds Sagen aus dem klassischen Altertum seinen lieben Freunden Franz Allemann und René Herb zum 80. Geburtstag gewidmet vom Autor, als Prophylaxe gegen Byzantinismus. Unveröffentlichtes Typoskript.

Leupold, Wolfgang, Mündliche Erinnerungen als Tonbandaufzeichnungen von 1986 und deren handschriftliche Transkription von Urs Leupold.

Leupold-Bleuler, Erika, Meine schönen indischen Erlebnisse, undatiertes Manuskript.

Leupold, Urs, Indonesien 1989, unveröffentlichtes Manuskript.

Kopien aller erwähnten Quellen befinden sich im Archiv des Völkerkundemuseums der Universität Zürich.

Literatur

Adams, Marie Jeanne, *System and Meaning in East Sumba Textile Design. A Study in Traditional Indonesian Art*. New Haven 1969.

Adams, Marie Jeanne, Life and Death on Sumba, in: Fisher, Alison (Hrsg.), *Decorative Arts of Sumba*. Amsterdam 1999, S. 11–29.

Arbenz, Paul, *Geologie von Mittelbünden*, Bern 1921–1926, und *Geologische Karte von Mittelbünden*, Blatt C, Zürich 1922, und Blatt D, Zürich 1930.

Barthes, Roland, *Die helle Kammer. Bemerkungen zur Photographie*. Frankfurt am Main 1985.

Bock, Carl, *The Head-Hunters of Borneo*. London 1882.

Brakel, J.H., van et al., *Budaya Indonesia. Kunst und Kultur in Indonesien*. Tropenmuseum Amsterdam 1987.

Brownrigg, Henry, *Betelschneider aus der Samuel Eilenberg-Sammlung*. Stuttgart 1993.

Chevalley, Denise, *Au service de Hollande. Un Suisse à Java et Bornéo*. Genève 1998.

Cordes, Hiltrud, Die Enkel der Kopfjäger. Zur Entstehungsgeschichte eines Dokumentarfilms, in: Gottowik 2010, S. 319–347.

Decrouez, Danielle und Menkveld-Gfeller, Ursula (Hrsg.), *Leupolds Schläfli-Preisschrift 1939. Studien zur Nummuliten-Stratigraphie des alpinen und westeuropäischen Alttertiärs*. Revue Paléobiol., Vol. spéc. 5, Genf 2003.

Forshee, Jill, *Between the Folds. Stories of Cloth, Lives and Travels from Sumba*. University of Hawaii 2000.

Frame, Edward M., The Musical Instruments of Sabah, Malaysia, in: *Ethnomusicology*, Bd. 26, Nr. 2, 1982, S. 247–274.

Gottowik, Volker (Hrsg.), *Die Ethnographen des letzten Paradieses. Victor Plessen und Walter Spies in Indonesien*. Bielefeld 2010.

Grabowsky, Friedrich, Das Betelkauen bei den Malaiischen Völkern, besonders auf Java und Borneo, in: *Internationales Archiv für Ethnographie*, Bd. I. Leiden et al. 1888, S. 188–191 und Tf. XVI.

Grabowsky, Friedrich, Musikinstrumente der Dajaken Südost-Borneos, in: *Globus, Illustrierte Zeitschrift für Länder- und Völkerkunde*, Bd. 87, Nr. 7. Braunschweig 1905, S. 102–105.

Groeneveld, Anneke et al., *Toekang portret. 100 jaar fotografie in Nederlands Indië 1839–1939*. Rotterdam 1989.

Gronemann, Isaac, Der Kris der Javaner, in: *Internationales Archiv für Ethnographie*, Bd. XIX. Leiden et al. 1910, S. 90–109, 123–161, 178–211 und Tfn. XXI–XXIV.

Guerreiro, Antonio J., A rejoinder to Herwig Zahorka's ‹Basap cave dwellers in Mangkalihat› and some additional notes on the Basap and resettlement in East Kalimantan, in: *Borneo Research Bulletin*, Bd. 35, Januar 2004, S. 83–98.

Harrer, Heinrich (Hrsg.), *Borneo. Mensch und Kultur seit ihrer Steinzeit*. Innsbruck, Frankfurt am Main 1988.

Harrisson, Barbara, *Pusaka. Heirloom Jars of Borneo*. Singapur et al. 1986.

Hein, Alois Raimund, *Bildende Künste bei den Dayaks auf Borneo*. Wien 1890.

Hofiger, Erika J., Kunst und Kunsthandwerk der Altvölker Borneos, in: Harrer 1988, S. 138–162.

Hose, Charles und McDougall, William, *The Pagan Tribes of Borneo*. Bd. I/II. London 1912.

Janowski, Monica, *The Forest, Source of Life. The Kelabit of Sarawak*. London 2003.

Kerner, Martin, *Keris-Griffe aus dem malayischen Archipel*. Zürich 1996.

Khan Majlis, Brigitte, *Indonesische Textilien. Wege zu Göttern und Ahnen*. Köln 1984.

King, Victor T., Jagd und Fischfang, in: Harrer 1988, S. 101–108.

Kooijman, Simon, *Ornamented bark-cloth in Indonesia*. Leiden 1963.

Krohn, William O., *In Borneo Jungles. Among the Dyak Headhunters*. Indianapolis 1927.

Leupold, Wolfgang, Der Gebirgsbau des unteren Landwassertales in Mittelbünden, in: *Jahrbuch der Philosophischen Fakultät II der Universität Bern*, Bd. II. Bern 1922, S. 145–166.

Leupold, Wolfgang und van der Vlerk, Isaäk Martinus, The Tertiary, in: *Leidsche Geologische Mededeelingen*. Leiden 1931, S. 611–648.

Lewin, Louis, Über das Betelkauen, in: *Internationales Archiv für Ethnographie*, Bd. III. Leiden et al. 1890, S. 61–65.

Maesel, Markus, Ein Mannheimer in Indonesien; der Naturforscher Dr. Schwaner (1817–1851), in: *Kita. Das Magazin der Deutsch-Indonesischen Gesellschaft Köln*, Heft 1, 2005, S. 82–91.

Martin, Petra und Nentwig, Ingo, Die Kleinplastiken aus Speckstein, in: Kolb, Karin et al. (Hrsg.), *Zukunft seit 1560. Von der Kunstkammer zu den Staatlichen Kunstsammlungen Dresden*, Bd. 1, Die Ausstellung. Berlin/München 2010, S. 104–107.

Matusky, Patricia, An Introduction to the Major Instruments and Forms of Traditional Malay Music, in: *Asian Music*, Bd. 16, Nr. 2, 1985, S. 121–182.

Matusky, Patricia, Borneo: Sabah, Sarawak, Brunei, Kalimantan, in: *The Garland Encyclopedia of World Music*, Bd. 4, Southeast Asia. New York, London 1998, S. 823–838.

Nieuwenhuis, Anton Willem, *Quer durch Borneo*. Bd. I/II. Leiden 1904/1907.

Nieuwenhuis, Anton Willem, Die Veranlagung der malaiischen Völker des ost-indischen Archipels, in: *Internationales Archiv für Ethnographie*. Leiden 1913, Supplementband.

Pfyffer zu Neueck, Josef Jakob Xaver, *Skizzen von der Insel Java und derselben verschiedenen Bewohnern* (1829). Hrsg. von W. Marschall. Bern et al. 2002.

Plessen, Viktor von, *Bei den Kopfjägern von Borneo. Ein Reisetagebuch*. Berlin 1936.

Richtsfeld, Bruno J., Onorato Martucci (1774–1846) und sein «chinesisches Museum», in: Müller, Claudius und Stein, Wolfgang (Hrsg.), *Exotische Welten. Aus den völkerkundlichen Sammlungen der Wittelsbacher 1806–1848*. Dettelbach 2007, S. 157–260.

Roth, Henry Ling, *The Natives of Sarawak and British North Borneo*, Bd. I/II. London 1896.

Roth, Rolf B., *Die «Heiligen Töpfe» der Ngaju-Dayak (Zentral-Kalimantan/Indonesien). Eine Untersuchung über die Rezeption von Importkeramik bei einer altindonesischen Ethnie*. Bonn 1992.

Rothpletz, Werner, Alte Siedlungsplätze bei Bandung (Java) und die Entdeckung bronzezeitlicher Gussformen, in: *Südseestudien. Gedenkschrift zur Erinnerung an Felix Speiser*. Basel 1951, S. 77–126.

Sachs, Curt, *Musikinstrumente Indiens und Indonesiens, zugleich eine Einführung in die Instrumentenkunde*. Berlin 1923.

Schärer, Hans, *Die Gottesidee der Ngadju Dajak in Süd-Borneo*. Leiden 1946.

Schärer, Hans, *Ngaju Religion. The Conception of God among a South Borneo People*. KITLV Translation Series 6. Den Haag 1963.

Schärer, Hans, *Der Totenkult der Ngadju-Dajak. Mythen zum Totenkult und die Texte zum Tantolak Matei*. Verhandelingen KITLV 51, 1 und 2. Den Haag 1966.

Schneeberger, Werner F., *Contributions to the Ethnology of Northeast Borneo*. (Studia Ethnologica Bernensia 2) Bern 1979.

Schmeltz, Johannes Dietrich Eduard, Beiträge zur Ethnographie von Borneo I, in: *Internationales Archiv für Ethnographie*, Bd. III. Leiden et al. 1890, S. 238–242 und Tf. XIX.

Schmeltz, Johannes Dietrich Eduard, Beiträge zur Ethnographie von Borneo II, in: *Internationales Archiv für Ethnographie*, Bd. V. Leiden et al. 1892, S. 232–238 und Tfn. XVII und XVIII.

Schmeltz, Johannes Dietrich Eduard, Über ein Dajakisches und zwei Japanische Schwerter, in: *Internationales Archiv für Ethnographie*, Bd. VI. Leiden et al. 1893, S. 185–189 und Tfn. XVI–XVIII.

Sellato, Bernard, *Hornbill and Dragon*. Jakarta 1989.

Sellato, Bernard, Kenyah Bark-cloth from Kalimantan, in: Howard, Michael C. (Hrsg.), *Bark-cloth in Southeast Asia*. Bangkok 2006, S. 153–168.

Sigerist, Stefan, *Präsenz der Schweiz im Fernen Osten*. Schaffhausen 1998.

Sigerist, Stefan, *Schweizer in Asien. Präsenz der Schweiz bis 1914*. Schaffhausen 2001.

Solyom, Garrett und Solyom, Bronwen, *The World of the Javanese Keris*. Hawaii 1978.

Steinmann, Alfred, *Die Sammlung für Völkerkunde der Universität Zürich*. Mitteilungen der Geogr.-Ethnogr. Ges. Zürich, Bd. 41. Zürich 1941/43, S. 25–84.

Tillema, Henrik F., *A journey among the people of central borneo in word and picture*. Singapur et al. 1990.

Tromp, S. W., Mededeelingen omtrent mandau's, in: *Internationales Archiv für Ethnographie*, Bd. I. Leiden et al. 1888, S. 22–26 und Tf. III.

Trümpi, Rudolf, Nachruf Wolfgang Leupold, in: *Bulletin der Vereinigung Schweizerischer Petroleum-Geologen und -Ingenieure*, Bd. 54, Nr. 124, 1987.

Vlerk, Isaäk Martinus, van der, Groote Foraminiferen van N. O. Borneo, in: *Wetenschappelijke Mededeelingen*, Nr. 9. Bandung 1929, S. 3–58.

Weber, Friedrich, Insulinde-Kunst, in: *Indonesische Gewebe*, Ausst.-Kat. Kunstgewerbemuseum Zürich 1935, S. 5–42.

Wehrli, Hans, *Die Sammlung für Völkerkunde*. Festschrift zur Einweihung der Neubauten der Universität Zürich, 18. April 1914. Zürich 1914, S. 1–10.

Williams, Charles Alfred Speed, *Encyclopedia of Chinese Symbolism and Art Motives*. New York 1960.

Zahorka, Herwig, The last Basap cave dwellers in the Mangkalihat karst mountains, East Kalimantan – A brief report, in: *Borneo Research Bulletin*, Bd. 32, Januar 2001, S. 240–247.

Zangger, Andreas, *Schnelles Geld und dauerhafte Bindungen. Schweizer im kolonialen Singapur und Sumatra, 1860–1930*. Bielefeld 2011.